맛있는 우동 한 그릇

OUCHI DE MARUGAMESEIMEN
Supervised by Marugameseimen Menshou
Copyright © TORIDOLL Holdings Corporation, 2019
All rights reserved,
Original Japanese edition published by SHUFU TO SEIKATSU SHA CO.,LTD.

Korean translation copyright 2021 by CYPRESS
This Korean edition published by arrangement with SHUFU TO SEIKATSU SHA CO.,LTD.,
Tokyo, through HonnoKizuna, Inc., Tokyo, and Botong Agency

이 책의 한국어판 저작권은 Botong Agency를 통한 저작권자와의 독점 계약으로 싸이프레스가 소유합니다.
신 저작권법에 의하여 한국 내에서 보호를 받는 저작물이므로 무단전재와 무단복제를 금합니다.

맛있는 우동 한 그릇

조수연 옮김
마루가메 제면 면의 장인 지음

들어가며

마루가메 제면은 셀프식 사누키 우동 전문점으로 수많은 고객에게 사랑받아 왔습니다. 1호점을 오픈한 지 20년이 지난 현재 일본 전국에 800개, 해외 13개국에 200개 이상의 점포를 운영 중입니다. '사누키 우동'은 일본 내에서도 우동의 생산량과 소비량이 가장 많은 가가와현의 우동을 가리킵니다. 마루가메 제면은 사누키 우동의 전통을 발전시키며 다양한 시도를 선보이고 있습니다.

창업 후 변하지 않는 고집은 '손으로 직접 갓 만들어 낸 우동'을 대접하자는 것입니다. 그 맛을 집에서도 손쉽게 즐길 수 있게 만든 것이 이 책입니다. 마루가메 제면 우동의 대명사인 가마아게 우동부터 심플한 가케 우동, 임팩트 만점의 푸짐한 우동, 큰 사랑을 받는 튀김까지 자신 있는 메뉴가 가득합니다. 모두 가정용 맞춤형 레시피라 누구든지 쉽게 따라 할 수 있습니다. 우동은 단순한 요리이지만 마음까지 든든하게 채워주는 힘이 있습니다. 다양한 조합으로 즐기며 나만의 특별한 맛을 찾아보세요!

마루가메 제면 면의 장인
후지모토 사토미

讃岐 釜揚げうどん
丸亀製麺

이 책의 레시피에 대해

* 이 책의 레시피는 마루가메 제면의 우동을 집에서 즐길 수 있게 재구성한 것입니다. 점포에서 제공하는 메뉴와 다릅니다.
* 계량은 1큰술=15㎖, 1작은술=5㎖, 1컵=200㎖입니다.
* 이 책의 전자레인지는 600W 제품을 기준으로 합니다. 기기의 출력에 따라 시간을 적절하게 조정합니다(500W는 가열 시간을 1.2배로 늘림).

목차

들어가며 4

우동을 만들기 전에
우동의 종류 9
우동의 재료 10
다양한 토핑 12

첫 번째
면발의 부드럽고 쫄깃한 식감을 즐기는
가마아게 우동

가마아게 우동 16
산더미 소고기 우동 18
어묵튀김 우동 20

두 번째
따끈따끈한 면에 달걀을 퐁당!
가마타마 우동

가마타마 우동 24
소고기 스키야키 우동 26
명란 우동 28
치즈 우동 30
맛있게 매운 비빔 우동 32

세 번째
장국을 부어 먹는 대표적인 사누키 우동
붓카케 우동

붓카케 우동 36
소고기 마즙 달걀 우동 38
간 무 소고기 우동 40
타르타르소스 닭튀김 우동 42
닭 가라아게 우동 44
돼지고기 샤부샤부 우동 46
돼지고기 마리네 우동 48
간 무 우동 50
미역귀 간 무 우동 52
맛버섯 간 무 우동 54
마즙 달걀 우동 56
연어 마즙 우동 58
가다랑어포 듬뿍 우동 60

II 간장 우동
간 무 간장 우동 62
마즙 간장 우동 63
매실 간 무 간장 우동 64
간 무 고추 간장 우동 65

네 번째
국물과 다양한 토핑을 즐기는
가케 우동

가케 우동 68
기쓰네 우동 70
바지락 우동 72
고기 듬뿍 우동 74

오리 대파 우동 76

김 우동 78

미역 쓰키미 우동 80

참깨 냉우동 82

영귤 간 무 냉우동 84

유부 간 무 냉우동 86

토마토 냉우동 88

구운 가지 냉우동 90

돼지고기 김치 두유 냉우동 92

∥ 쓰케 우동

매운 고기 우동 94

돼지고기 장국 우동 96

여섯 번째
우동에 곁들이는 요리로 빼놓을 수 없는
튀김과 덮밥

가시와텐 126

채소 가키아게 128

반숙 달걀튀김 130

닭 달걀튀김 덮밥 132

채소 가키아게 오차즈케 133

채소 가키아게 덮밥 134

파 튀김 부스러기 오차즈케 135

맛있게 매운 달걀 비빔밥 136

맛있게 매운 탄탄 국밥 136

다섯 번째
우동의 고정관념을 깬다!
스페셜 우동

돼지 샤부샤부 미소된장 우동 100

맛있게 매운 탄탄 우동 102

매운맛 폭탄 탄탄 우동 102

채소 아게다시 우동 104

카레 우동 106

돈가스 카레 우동 108

달걀 앙카케 우동 110

명란 달걀 앙카케 우동 112

김 달걀 앙카케 우동 114

게살 달걀 앙카케 우동 116

소고기 달걀 앙카케 우동 118

소고기 달걀말이 우동 120

소고기 스키야키 전골 우동 122

우동과 맛국물 만들기
우동 반죽하기 138

우동 삶기 142

맛국물 내기 143

뒷이야기 1
우동에 인생을 걸었습니다!
마루가메 제면 스토리 144

뒷이야기 2
마루가메 제면 공식 계정 도전 레시피 146

우동을
만들기 전에

20년 이상 사랑받고 있는 우동 전문점, 마루가메 제면에서는 풍성한 메뉴를 다양하게 즐길 수 있습니다. 우동의 종류와 면 선택법, 시판 조미료 사용법 등 집에서도 가게에서 먹는 듯한 분위기를 만끽하는 팁을 소개합니다.

우동의 종류

마루가메 제면에서 제공하는 우동에는 6가지 종류가 있습니다. 우동을 삶는 법에 따라 면의 질감이 달라지고 면을 장국에 찍어 먹느냐, 면에 장국을 부어 먹느냐에 따라 맛에 차이가 있습니다. 취향에 맞는 방식으로 즐겨보세요!

종류	면 삶는 법과 특징	장국	베리에이션
가마아게 우동	삶은 우동을 그대로 먹는다. 부드러우면서 탄력이 있다.	진한 장국에 찍어 먹는다.	온
가마타마 우동	삶은 우동을 그대로 먹는다. 부드러우면서 탄력이 있다.	맛간장을 부어 먹는다.	온
붓카케 우동	삶은 우동을 찬물에 담근다. 매우 쫄깃해서 술술 넘어가지 않는다.	진한 장국을 부어 먹는다.	온·냉
간장 우동	삶은 우동을 찬물에 담근다. 매우 쫄깃해서 술술 넘어가지 않는다.	맛간장을 부어 먹는다.	온·냉
가케 우동	삶은 우동을 찬물에 담근다. 매우 쫄깃해서 술술 넘어가지 않는다.	연한 장국을 부어 먹는다.	온·냉
쓰케 우동	삶은 우동을 찬물에 담근다. 매우 쫄깃해서 술술 넘어가지 않는다.	진한 장국에 찍어 먹는다.	온·냉

우동의 재료

시중에서 쉽게 구할 수 있는 재료로 다양한 우동을 만들 수 있습니다. 시판 냉동 우동 면이나 조미료를 사용해 충분히 맛을 낼 수 있고 만드는 시간도 단축할 수 있습니다.

‖ 우동 면은 냉동 제품도 OK!

마루가메 제면에서 만드는 우동 면의 원료는 밀가루, 소금, 물뿐입니다. 재료는 단순하지만 만드는 사람에 따라 다른 맛과 질감의 우동이 됩니다. 밀가루로 직접 면을 반죽하는 시간과 노력이 상당하므로 이 책에는 시판 우동 면을 사용한 레시피를 소개합니다.

시판 우동에는 건조 우동과 냉동 우동, 냉장 우동이 있는데 면이 굵은 냉동 우동이 이 책에서 주로 소개하는 사누키 우동에 가깝습니다. 냉동 우동은 삶는 시간이 짧고 끈적한 전분이 적기 때문에 물에 씻어서 수축시키는 작업도 한 번이면 충분합니다. 또한 면이 굵고 쫄깃해서 사누키 우동과 비슷한 목 넘김을 즐길 수 있습니다.

‖ 우동 장국의 맛을 간편하게 내는 조미료

점포에서는 가다랑어포 등 다양한 생선의 혼합포와 다시마를 사용해 맛국물을 냅니다. 꼭 맛국물을 내지 않아도 시중에 판매하는 4가지 조미료를 활용해 쉽게 맛의 틀을 잡을 수 있습니다. 쯔유 하나만 갖춰두면 대부분 대체가 가능하지만, 4가지 조미료를 모두 구비하면 상황에 맞게 활용할 수 있어요.

쯔유   간장   맛간장   시로다시

쯔유(멘쯔유) : 특유의 감칠맛으로 '마법의 소스'라는 별명이 붙은 일본의 조미료. 보통 간장에 다시마, 가다랑어포 등으로 맛을 내고 미림, 설탕을 가미해 만든다. 농축 정도나 브랜드에 따라 멘쯔유, 혼쯔유 등의 이름으로도 불린다. 이 책의 레시피에는 주로 면 요리에 쓰는 2배 농축 멘쯔유를 사용한다.

간장 : 비교적 짧은 기간 발효시키는 일본식 양조간장은 우리 전통식 간장보다 짠맛이 약하고 단맛이 돈다.

맛간장(다시쇼유) : 간장에 다시마, 가다랑어포 등을 우린 맛국물을 섞어 맛을 낸다.

시로다시 : 백간장 또는 맑은 간장에 맛국물, 설탕, 미림 등을 가미한 조미료. 장국 색을 연하게 만들 때는 시로다시를 활용하면 색과 풍미를 해치지 않고 맛을 낼 수 있다.

▮ 다양한 토핑을 올리면 가게에서 먹는 맛이 난다!

'우동에는 뭐든 올려도 좋다!' 마루가메 제면은 자유롭고 과감한 토핑으로 유명합니다. 집에서도 고명, 온천 달걀, 명란 등 좋아하는 재료를 준비해 곁들이면 가게에서 먹는 기분이 한층 살아납니다.

다양한 토핑

우동의 매력은 자유롭게 토핑을 추가해 다양한 맛을 즐길 수 있다는 점입니다. 그중에서도 공식적으로 가장 추천하는 토핑은 간 생강! 우동에는 정답이 없으니 나만의 토핑을 조합하면서 먹는 재미를 누려보세요.

간 생강

튀김 부스러기

간 생강 : 가장 추천하는 대표적인 우동의 고명. 생강을 곱게 갈아 곁들이면 향이 살아난다.
튀김 부스러기 : 텐카스(天かす)라고 불리는 튀김 부스러기. 고소한 맛과 바삭한 식감을 더해준다.
쪽파 : 대부분의 우동에 들어가는 기본 고명으로 잘게 송송 썰어서 준비한다.
간 참깨 : 굵게 빻거나 갈아서 준비한다. 고소한 향을 더해준다.
시치미 고춧가루 : 고춧가루를 포함해 7가지 향신료를 혼합한 조미료
잘게 썬 김 : 은은한 바다의 향, 감칠맛과 고소함을 더한다.
날달걀 : 싱싱한 날달걀이 우동 면을 감싸면 면의 식감이 달라지며 노른자의 고소한 맛을 즐길 수 있다.

쪽파

간 참깨

시치미 고춧가루

날달걀

잘게 썬 김

가다랑어포

명란젓

고추냉이

유자 껍질

라유(고추기름)

간 무

온천 달걀

마즙

가다랑어포 : 토핑용으로는 아주 얇게 가공한 하나 가다랑어포(花かつお)를 사용한다.

명란젓 : 명란은 껍질을 제거하고 속만 발라내어 준비한다. 짭조름한 감칠맛을 더한다.

고추냉이 : 매콤 알싸한 맛으로 입맛을 돋우고 음식의 풍미를 살린다.

유자 껍질 : 상큼한 향과 맛을 더해주며 노란 컬러로 먹음직스러운 포인트가 된다. 유자 껍질은 흰 부분을 제거하고 노란 부분만 가늘게 채 썬다.

라유(고추기름) : 중국요리에 쓰이는 조미료의 하나. 고춧가루 또는 마른 고추와 함께 볶아 매운맛을 우려낸 기름.

간 무 : 강판에 갈아서 물기를 살짝 빼고 올린다. 시원한 단맛을 내고 소화를 돕는다.

온천 달걀 : 온천물 온도의 물로 노른자는 반숙, 흰자는 반응고 상태로 삶은 달걀. 냄비에 달걀이 잠길 정도의 물과 식초, 소금을 약간 넣고 불에 올려 끓어오르면 불을 끈다. 상온에 30분 이상 꺼내둔 달걀을 넣고 15분간 뚜껑을 닫아 두었다가 건져 찬물에 5분 정도 식힌다.

마즙 : 참마를 강판에 갈아서 낸다. 고소한 맛을 더하고 끈적한 마즙이 면을 감싸 먹기 좋게 해주며 소화를 돕는다.

면발의 부드럽고 쫄깃한 식감을 즐기는
가마아게 우동

온우동

가마아게 우동은 '솥에서 삶은 우동'이라는 뜻으로 갓 삶은 우동을
따뜻한 장국에 찍어 먹는 사누키 지역 고유의 스타일입니다. 고명을 올리거나
소고기, 튀김 부스러기를 곁들이는 등 다양하게 응용해서 즐길 수 있습니다.

가마아게 우동

우동 면발의 쫄깃한 식감, 탄력이 있는 씹는 맛, 후루룩 목으로 넘어가는 느낌을 제대로 느껴보세요. 고명이 단순한 만큼 우동 면 본연의 맛을 고스란히 담을 수 있습니다.

온우동

찍어 먹는 장국

재료 (1인분)

냉동 우동 1사리
쪽파 약간
간 생강 약간
볶은 참깨 약간
튀김 부스러기 약간

∥ 장국

쯔유(2배 농축) 1/3컵
물 1/3컵
미림 1큰술

재료 준비

○ 쪽파는 송송 썰어 고명으로 준비한다.

만드는 법

1 우동을 아래의 방법으로 삶아서 그릇에 담고 뜨거운 면수를 면이 살짝 잠길 정도로 붓는다.
2 장국 재료를 섞어서 따끈하게 데워서 낸다. 취향에 따라 쪽파, 간 생강, 볶은 참깨, 튀김 부스러기 등의 고명을 곁들인다.

우동 삶는 법 　　　Point ○ 먹기 직전에 삶아서 그대로 먹는다!

1 큰 냄비에 물을 가득 부어 불에 올리고, 끓어오르면 냉동 우동을 넣는다.

2 중강불로 포장지의 지시대로 삶는다. 면이 풀리면 젓가락으로 살살 저어주고 끓어 넘치려 하면 불을 줄여가며 한소끔 끓인다.

3 면을 건져 물기를 빼면서 그릇에 담는다.

4 뜨거운 면수를 면이 살짝 잠길 정도로 붓는다.

온우동

찍어 먹는 장국

산더미 소고기 우동

달콤 짭짤하게 간한 소고기를 잔뜩 먹을 수 있는 우동이에요. 쫄깃한 우동과 볶은 소고기의 식감이 잘 어우러진답니다.

재 료 (1인분)

냉동 우동 1사리
얇게 썬 소고기 200g
양파 1/4개(50g)
설탕 1큰술
쯔유(2배 농축) 3큰술
식용유 약간

∥ 장국

쯔유(2배 농축) 1/3컵
물 1/3컵
미림 1큰술

재 료 준 비

○ 소고기는 먹기 좋은 크기로 썬다.
○ 양파는 1cm 길이로 채 썬다.

만 드 는 법

1 양파는 내열 접시에 넣고 랩을 씌워서 전자레인지로 1분간 가열한다.

2 달군 프라이팬에 식용유를 두르고 소고기, 양파, 설탕을 넣어 볶는다. 고기의 색이 변하면 쯔유를 넣고 한소끔 끓인다.

3 우동을 삶아서 그릇에 담고 뜨거운 면수를 면이 살짝 잠길 정도로 붓는다.
   tip. 우동 삶는 법 p.17

4 장국 재료를 섞어서 따끈하게 데워서 낸다. 별도의 그릇에 볶은 소고기를 담아 함께 우동에 곁들인다.

온우동

찍어 먹는 장국

어묵튀김 우동

죽봉어묵은 대나무에 흰 생선 살 반죽을 말아 구운 어묵으로 일본에서는 치쿠와(竹輪)라고 해요. 튀겨서 고소함과 바삭함을 더한 어묵을 우동에 곁들여요.

재료 (1인분)

냉동 우동 1사리
어묵튀김 적당량
쪽파 약간

∥ 장국

쯔유(2배 농축) 1/3컵
물 1/3컵
미림 1큰술

재료 준비

○ 쪽파는 송송 썰어 고명으로 준비한다.

만드는 법

1 우동을 삶아서 그릇에 담고 뜨거운 면수를 면이 살짝 잠길 정도로 붓는다.
   tip. 우동 삶는 법 p.17
2 장국 재료를 섞어서 데우고 어묵튀김, 쪽파와 함께 우동에 곁들인다.

어묵튀김 만드는 법

재료

죽봉어묵 2개
초생강 20g
튀김가루 1큰술
튀김기름 적당량

∥ 튀김반죽

튀김가루 25g
물 40㎖

1 어묵, 초생강은 물기를 제거하고 5mm~1cm 길이로 굵게 다진다.
2 다진 어묵, 초생강에 튀김가루 1큰술을 골고루 묻히고 여분의 가루를 털어내서 볼에 넣는다.
3 다른 볼에 튀김반죽 재료를 넣어 가루가 보이지 않게 섞은 뒤 ②에 조금씩 부어 넣으며 가볍게 섞어 재료에 튀김반죽을 고루 묻힌다.
4 냄비에 튀김기름을 175℃로 달구고 ③을 스푼으로 조금씩 떠서 넣는다. 익어서 모양이 잡히면 위아래를 뒤집어 바삭하게 튀긴다.
   tip. 어묵 대신 우엉 1/2개(약 80g)를 껍질을 벗기고 잘게 썰어서 물에 10분 이상 담갔다 물기를 닦아낸 뒤 같은 방법으로 튀겨 곁들여도 좋다.

두 번째

따끈따끈한 면에 달걀을 퐁당!
가마타마 우동

온우동

'가마타마'는 '가마아게'와 달걀을 뜻하는 '타마고'의 합성어로, 이름처럼 가마아게 우동에 달걀을 깨 넣고 버무려 먹습니다. 방금 삶은 우동 면의 열기로 걸쭉하게 익은 달걀흰자, 고소한 달걀노른자에 맛간장이 어우러져 최고의 맛을 연출합니다. 조리 시간이 짧고 들어가는 재료도 간단해 집에서 간편하게 만들어 먹을 수 있답니다.

온우동

부어 먹는 장국

가마타마 우동

날달걀과 간 생강, 쪽파, 참깨 등의 고명을 얹어 맛간장에 비벼 먹는 우동이에요. 맛간장은 보통 '그릇에 2바퀴 반' 정도 두르면 적당한데 입맛에 맞게 조절해 간을 맞춰요. 날달걀을 그대로 넣는 음식이기 때문에 신선한 달걀을 사용하는 것이 중요해요. 방금 삶은 따끈한 면에 달걀을 넣고 재빨리 풀어서 버무려주세요.

재료 (1인분)

냉동 우동 1사리
달걀 1개
쪽파 약간
맛간장(또는 쯔유) 적당량

재료 준비

○ 달걀은 미리 상온에 꺼내둔다.
○ 쪽파는 송송 썰어 고명으로 준비한다.

만드는 법

1 우동을 아래의 방법대로 삶아서 물기를 빼고 그릇에 담는다.
2 뜨거운 우동 면의 가운데가 움푹 들어가게 만들어 달걀을 깨 넣고 쪽파를 곁들인다. 맛간장을 2바퀴 반 두른다.

우동 삶는 법 Point ○ 먹기 직전에 삶아서 물기를 완전히 빼서 낸다!

1 큰 냄비에 물을 가득 부어 불에 올리고, 끓어오르면 냉동 우동을 넣는다.

2 중강불로 포장지의 지시대로 삶는다. 면이 풀리면 젓가락으로 살살 저어주고 끓어 넘치려 하면 불을 줄여가며 한소끔 끓인다.

3 채반에 밭쳐서 잠시 둔다.

4 물기를 완전히 빼서 그릇에 담는다.

온우동

부어 먹는 장국

소고기 스키야키 우동

스키야키는 얕은 냄비에 고기와 채소 등 다양한 재료를 넣고 간장으로 양념해서 굽거나 끓여서 먹는 요리예요. 스키야키 스타일로 조리한 소고기와 달걀의 조합이 환상적으로 어우러지는 우동이랍니다.

재료 (1인분)

냉동 우동 1사리
달걀 1개
얇게 썬 소고기 100g
설탕 2작은술
쯔유(2배 농축) 2큰술
쪽파 약간
맛간장(또는 쯔유) 적당량
식용유 약간

재료 준비

○ 달걀은 미리 상온에 꺼내둔다.
○ 소고기는 먹기 좋은 크기로 썬다.
○ 쪽파는 송송 썰어 고명으로 준비한다.

만드는 법

1 달군 프라이팬에 식용유를 두르고 소고기, 설탕을 넣어 볶는다. 고기의 색이 변하면 쯔유를 넣고 한소끔 끓인다.

2 우동을 삶아서 물기를 빼고 그릇에 담는다.
tip. 우동 삶는 법 p.25

3 ①을 올리고 가운데가 움푹 들어가게 만들어 달걀을 깨 넣는다.

4 쪽파를 올리고 맛간장을 두른다.

온우동

부어 먹는 장국

명란 우동

명란 특유의 짭조름한 감칠맛이 고소한 달걀과 어우러져 입맛을 돋워주는 우동이에요. 잘게 썬 김을 고명으로 올려 고소함을 더욱 살려요.

재료 (1인분)

냉동 우동 1사리
달걀 1개
명란 1/2개(약 30g)
쪽파 약간
김 약간
맛간장(또는 쯔유) 적당량

재료 준비

○ 달걀은 미리 상온에 꺼내둔다.
○ 명란은 껍질을 제거하고 속만 발라낸다.
○ 쪽파는 송송 썰고 김은 잘게 썰어 고명으로 준비한다.

만드는 법

1 우동을 삶아서 물기를 빼고 그릇에 담는다.
  tip. 우동 삶는 법 p.25
2 가운데가 움푹 들어가게 만들어 명란을 올리고 달걀을 깨 넣는다.
3 쪽파, 김을 올리고 맛간장을 두른다.

온우동

부어 먹는 장국

치즈 우동

치즈와 후추를 넣어 카르보나라 스타일로 만든 우동이에요. 고소한 치즈와 쫄깃한 우동 면의 조합이 의외의 매력을 보여준답니다.

재료 (1인분)

냉동 우동 1사리
달걀 1개
피자치즈 20g
치즈 가루 1큰술
후추 적당량
쪽파 약간
맛간장(또는 쯔유) 적당량

재료 준비

○ 달걀은 미리 상온에 꺼내둔다.
○ 쪽파는 송송 썰어 고명으로 준비한다.

만드는 법

1 우동을 삶아서 물기를 빼고 그릇에 담는다.
   tip. 우동 삶는 법 p.25
2 가운데가 움푹 들어가게 만들어 달걀을 깨 넣는다.
3 피자치즈, 치즈 가루, 굵게 간 후추를 고루 뿌리고 쪽파를 올린 뒤 맛간장을 두른다.

온우동

부어 먹는 장국

맛있게 매운 비빔 우동

다진 돼지고기볶음, 가다랑어포 가루와 라유로 만든 소스, 얇게 썬 대파가 듬뿍 들어간 대만 스타일 우동이에요. 맛있게 매운 중독성 강한 맛으로 면을 다 먹은 뒤 남은 양념에 밥을 비벼 먹어도 별미랍니다.

재료 (1인분)

냉동 우동 1사리
다진 돼지고기 80g
온천 달걀 1개
대파 1/4개(15g)
가다랑어포 가루 2작은술
김 약간
다진 마늘 약간
라유(고추기름) 적당량
맛간장(또는 쯔유) 적당량
식용유 약간

‖ 고기 양념
간장 1큰술
미림 1큰술
설탕 1작은술

재료 준비

○ 대파는 얇고 어슷하게 썬다. 김은 잘게 썰어 고명으로 준비한다.

만드는 법

1 달군 프라이팬에 식용유를 두르고 다진 돼지고기를 볶다가 색이 변하면 고기 양념 재료를 넣고 물기가 사라질 때까지 볶는다.

2 우동을 삶아서 물기를 빼고 그릇에 담는다.
   tip. 우동 삶는 법 p.25

3 가운데가 움푹 들어가게 만들어 온천 달걀을 깨 넣는다. 둘레에 ①, 대파, 가다랑어포 가루, 김, 다진 마늘을 올리고 라유와 맛간장을 두른다.
   tip. 온천 달걀 만드는 법 p.13

세번째

장국을 부어 먹는 대표적인 사누키 우동
붓카케 우동

장국에 찍어 먹는 것이 번거로워서 탄생했다는 붓카케 우동은
장국을 우동 면에 부어서 쪽파, 생강, 튀김 부스러기 등의 고명을 곁들여 먹는답니다.
소고기, 온천 달걀, 닭튀김 등 다채로운 토핑을 올려서 즐길 수 있는 점도 매력입니다.

온우동

부어 먹는 장국

붓카케 우동

맛국물로 맛을 낸 장국에 고명을 듬뿍 올리는 것이 붓카케의 기본이랍니다. 쪽파, 간 생강, 튀김 부스러기가 고명의 정석인데, 간 참깨를 뿌리면 감칠맛이 더욱 좋아집니다.

재료(1인분)

냉동 우동 1사리
쪽파 약간
간 생강 약간

∥ 장국

쯔유(2배 농축) 3큰술
물 3큰술
미림 2작은술

재료 준비

○ 쪽파는 송송 썰어 고명으로 준비한다.

만드는 법

1 우동을 아래의 방법대로 삶아서 물기를 빼고 그릇에 담는다.
2 장국 재료를 섞어서 데운 뒤 ①에 붓고 쪽파와 간 생강을 올린다.

우동 삶는 법

Point ○ 면을 삶아 찬물에 충분히 수축시킨다!

1 큰 냄비에 물을 가득 부어 불에 올리고, 끓어오르면 냉동 우동을 넣는다.

2 중강불로 포장지의 지시대로 삶는다. 면이 풀리면 젓가락으로 살살 저어주고 끓어 넘치려 하면 불을 줄여가며 한소끔 끓인다.

3 채반에 밭쳤다가 찬물에 넣어 가볍게 씻는다.

4 다시 채반에 밭쳐서 잠시 두고 물기를 완전히 뺀다.

온우동

부어 먹는 장국

소고기 마즙 달걀 우동

따끈한 소고기에 마즙과 온천 달걀을 함께 올려 맛과 영양이 풍성한 우동이에요. 마즙은 면발을 감싸 먹기 편하게 해주고 고소한 맛을 더해줍니다.

재 료 (1인분)

냉동 우동 1사리
얇게 썬 소고기 100g
온천 달걀 1개
참마 50g
쪽파 약간
설탕 2작은술
쯔유(2배 농축) 2큰술
식용유 약간

∥ 장국

쯔유(2배 농축) 3큰술
물 3큰술
미림 2작은술

재료 준비

○ 소고기는 먹기 좋은 크기로 썬다.
○ 참마는 강판에 곱게 간다. 쪽파는 송송 썰어 고명으로 준비한다.

만드는 법

1 달군 프라이팬에 식용유를 두르고 소고기, 설탕을 넣어 볶는다. 고기의 색이 변하면 쯔유를 넣고 한소끔 끓인다.

2 우동을 삶아서 찬물에 담갔다 물기를 빼서 그릇에 담는다.
tip. 우동 삶는 법 p.37

3 장국 재료를 섞어서 데운 뒤 ②에 붓고 ①, 온천 달걀, 마즙, 쪽파를 올린다.
tip. 온천 달걀 만드는 법 p.13

간 무 소고기 우동

간 무의 시원하면서도 매콤한 맛과 아삭한 우엉의 식감이 달콤 짭조름한 소고기와 환상의 궁합을 보여준답니다.

재 료 (1인분)

냉동 우동 1사리
얇게 썬 소고기 80g
무 1/8개(약 100g)
우엉 20g
쪽파 약간
설탕 2작은술
쯔유(2배 농축) 2큰술
식용유 약간

∥ 장국

쯔유(2배 농축) 3큰술
물 3큰술
미림 2작은술

재 료 준 비

○ 미림을 전자레인지로 30~40초간 가열해 나머지 장국 재료와 섞은 뒤 냉장고에 넣어 차갑게 만든다.
○ 소고기는 먹기 좋은 크기로 썬다.
○ 무는 강판에 굵게 간다. 우엉은 어슷하게 썰어서 물에 담근다. 쪽파는 송송 썰어 고명으로 준비한다.

만 드 는 법

1 우엉은 내열 접시에 넣고 랩을 씌워서 전자레인지로 1분간 가열한다.
2 달군 프라이팬에 식용유를 두르고 소고기, 우엉, 설탕을 넣어 볶는다. 고기의 색이 변하면 쯔유를 넣고 한소끔 끓인다.
3 우동을 삶아서 찬물에 담갔다 물기를 빼서 그릇에 담는다.
   tip. 우동 삶는 법 p.37
4 ③에 차가운 장국을 붓고 ②를 올린다. 쪽파를 흩뿌리고 간 무를 올린다.

12 붓카케

냉우동
부어 먹는 장국

타르타르소스 닭튀김 우동

육즙 가득한 닭튀김을 듬뿍 올려 우동과 튀김을 한 번에 즐길 수 있어요. 경수채는 아삭아삭하고 향이 있어 고기의 잡내를 잡아주는 채소로 무순이나 루콜라, 어린잎채소 등으로 대체해도 괜찮아요. 유자나 레몬을 활용하면 더욱 향긋한 맛이 난답니다.

재료 (1인분)

냉동 우동 1사리
닭튀김 4조각
경수채(또는 무순) 1/4포기
유자 껍질 약간

∥ 타르타르소스
양파 2큰술
피클 1작은술
간장 1큰술
설탕 1작은술
마요네즈 2큰술

∥ 장국
쯔유(2배 농축) 3큰술
물 3큰술
미림 2작은술

재료 준비

○ 경수채는 4㎝ 길이로 썬다.
○ 유자의 겉껍질은 강판에 갈거나 잘게 채 썰어 제스트를 만들고 과육은 즙을 짠다.
○ 양파와 피클은 소스용으로 잘게 다진다.

만드는 법

1 내열 접시에 간장, 설탕을 넣고 랩을 씌우지 않고 전자레인지로 15초간 가열한다. 한 김 식힌 뒤 마요네즈, 양파, 피클을 잘 섞어 타르타르소스를 완성한다.
2 우동을 삶아서 찬물에 담갔다 물기를 빼서 그릇에 담는다.
   tip. 우동 삶는 법 p.37
3 미림을 전자레인지로 30~40초간 가열하고 나머지 장국 재료와 섞어 장국을 완성한다.
4 ②에 장국을 붓고 닭튀김과 경수채를 올린다. 닭튀김에 ①을 뿌리고 유자 껍질을 올린다.

닭튀김 만드는 법

재료

닭 허벅지살 120g
튀김가루 1큰술
튀김기름 적당량

∥ 양념
간장 1/2큰술
유자즙 1작은술
유자 껍질 약간

∥ 튀김반죽
튀김가루 25g
물 40㎖

1 먹기 좋게 4등분 한 닭고기를 양념 재료와 함께 볼에 넣어 살짝 주무른 뒤 15분간 재운다.
2 ①의 물기를 제거하고 튀김가루를 1큰술 정도 뿌려 고루 묻힌다.
3 다른 볼에 튀김반죽 재료를 섞고 ②를 담가서 고루 묻힌다.
4 냄비에 튀김기름을 170℃로 달구고 ③을 넣어 튀긴다.

13 붓카케

냉우동

부어 먹는 장국

닭 가라아게 우동

일본식 튀김인 고소한 닭 가라아게에 간 무와 청귤즙을 더해 산뜻하게 즐길 수 있어요. 우동과 함께 든든한 한 끼가 된답니다.

재료 (1인분)

냉동 우동 1사리
닭 가라아게 4조각
무 1/8개(약 100g)
청귤(또는 레몬) 1개
쪽파 약간

‖ 장국

쯔유(2배 농축) 3큰술
물 3큰술
미림 2작은술

재료 준비

○ 무는 강판에 갈아 물기를 살짝 뺀다. 청귤은 반으로 자르고 쪽파는 송송 썰어 고명으로 준비한다.

만드는 법

1 우동을 삶아서 찬물에 담갔다 물기를 빼서 그릇에 담는다.
   tip. 우동 삶는 법 p.37

2 미림을 전자레인지로 30~40초간 가열하고 나머지 장국 재료와 섞어 장국을 완성한다.

3 ①에 장국을 붓고 닭 가라아게, 간 무, 쪽파를 올린다. 청귤을 곁들이고 먹기 전에 즙을 짠다.

닭 가라아게 만드는 법

재료

닭 허벅지살 120g
전분 3큰술
튀김기름 적당량

‖ 양념

간장 1작은술
청주 1작은술
소금 약간

1 먹기 좋게 4등분 한 닭고기를 양념 재료와 함께 볼에 넣어 살짝 주무른다.
2 전분 1/2큰술을 넣어 잘 섞은 뒤 남은 전분을 넣고 고루 묻힌다.
3 냄비에 튀김기름을 170℃로 달구고 ②를 튀긴다.

돼지고기 샤부샤부 우동

마늘 풍미의 감칠맛 진한 소스와 마요네즈의 절묘한 조화가 일품이에요. 돼지고기는 샤부샤부용으로 얇게 썬 것을 사용하면 부드러운 식감이 우동과 함께 잘 어우러져요.

냉우동

부어 먹는 장국

재 료 (1인분)

냉동 우동 1사리
돼지 삼겹살(샤부샤부용) 80g
적양파 1/8개(25g)
경수채(또는 무순) 1/4포기
다진 양파 3큰술
초밥초(식초) 1큰술
마요네즈 1큰술

∥ 양념

미림 1/2큰술
맛간장(또는 쯔유) 1/2큰술
간 마늘 1/4작은술

∥ 장국

쯔유(2배 농축) 3큰술
물 3큰술
미림 2작은술

재료 준비

○ 장국용 미림을 전자레인지로 30~40초간 가열해 나머지 장국 재료와 섞은 뒤 냉장고에 넣어 차갑게 만든다.
○ 삼겹살은 먹기 좋은 크기로 썬다.
○ 적양파는 얇게 썰어서 물에 담그고 경수채는 4cm 길이로 썬다.

만드는 법

1 다진 양파는 랩을 씌워서 전자레인지로 30초간 가열한 뒤 초밥초를 섞어서 한 김 식힌다.
2 적양파는 물기를 제거하고 경수채와 가볍게 섞는다.
3 삼겹살은 끓는 물에 데쳐 찬물에 잠깐 담갔다가 물기를 뺀다.
 tip. 데칠 때 물이 팔팔 끓지 않을 정도로 불을 조절한다.
4 양념용 미림을 전자레인지에 20~30초간 가열해 나머지 양념 재료와 섞어 ③에 고루 버무린다.
5 우동을 삶아서 찬물에 담갔다 물기를 빼서 그릇에 담는다.
 tip. 우동 삶는 법 p.37
6 차가운 장국을 붓고 ①, ②의 채소와 ④를 올리고 마요네즈를 곁들인다.

냉우동

부어 먹는 장국

돼지고기 마리네 우동

푸짐한 돼지고기에 새콤달콤한 식초로 산뜻하게 맛을 낸 채소와 달달한 마요네즈 소스를 곁들여 풍성한 맛을 즐길 수 있는 우동이에요.

재료 (1인분)

냉동 우동 1사리
돼지 삼겹살(샤부샤부용) 80g
무 1/10개(약 80g)
양파 1/8개(25g)
양배추 1장(80g)
쪽파 약간
초밥초(식초) 2큰술
마요네즈 1큰술
설탕 1/4작은술
고춧가루 약간

∥ 장국

시로다시(또는 쯔유) 1⅓큰술
물 1/3컵
미림 2작은술

재료 준비

○ 미림을 전자레인지로 30~40초간 가열해 나머지 장국 재료와 섞은 뒤 냉장고에 넣어 차갑게 만든다.
○ 삼겹살은 먹기 좋은 크기로 썬다.
○ 무는 강판에 갈아 물기를 살짝 뺀다. 양파는 얇게 썰고 양배추는 5mm 폭으로 채 썬다. 쪽파는 송송 썰어 고명으로 준비한다.

만드는 법

1 삼겹살은 끓는 물에 데쳐 찬물에 잠깐 담갔다가 물기를 빼고 장국 2큰술을 넣어 버무린다.
   tip. 데칠 때 물이 팔팔 끓지 않을 정도로 불을 조절한다.
2 내열 접시에 양파, 양배추를 넣고 랩을 씌워서 전자레인지로 1분간 가열한다. 한 김 식으면 물기를 완전히 빼고 초밥초를 넣어 맛이 배게 한다.
3 우동을 삶아서 찬물에 담갔다 물기를 빼서 그릇에 담는다.
   tip. 우동 삶는 법 p.37
4 남은 장국을 붓고 ②, ①, 간 무, 쪽파 순으로 올린다. 마요네즈와 설탕을 잘 섞어 곁들이고 고춧가루를 뿌린다.

간 무 우동

신선한 무를 바로 갈아 넣어서 시원하면서 달콘한 맛과 붓카케 우동 면 특유의 쫄깃쫄깃함을 즐길 수 있는 심플한 우동이에요.

재료 (1인분)

냉동 우동 1사리
무 1/8개(약 100g)
쪽파 약간
간 생강 약간

■ 장국
쯔유(2배 농축) 3큰술
물 3큰술
미림 2작은술

재료 준비

○ 미림을 전자레인지로 30~40초간 가열해 나머지 장국 재료와 섞은 뒤 냉장고에 넣어 차갑게 만든다.
○ 무는 강판에 갈아 물기를 살짝 뺀다. 쪽파는 송송 썰어 고명으로 준비한다.

만드는 법

1 우동을 삶아서 찬물에 담갔다 물기를 빼서 그릇에 담는다.
   tip. 우동 삶는 법 p.37
2 장국을 붓고 간 무, 쪽파, 간 생강을 올린다.

냉우동

부어 먹는 장국

미역귀 간 무 우동

꼬불꼬불하게 주름 잡힌 미역귀는 미역 뿌리 윗부분의 씨앗 주머니로 해독을 돕는 다양한 영양이 풍부한 건강식 재료예요. 우동에 곁들여 진득하면서 꼬들꼬들한 씹는 맛을 제대로 즐길 수 있어요.

재료 (1인분)

냉동 우동 1사리
무 1/8개 분량(약 100g)
불린 미역귀 1/2컵
쪽파 약간
간 생강 약간

∥ 장국

쯔유(2배 농축) 3큰술
물 3큰술
미림 2작은술

재료 준비

- 미림을 전자레인지로 30~40초간 가열해 나머지 장국 재료와 섞은 뒤 냉장고에 넣어 차갑게 만든다.
- 무는 강판에 갈아 물기를 살짝 뺀다. 쪽파는 송송 썰어 고명으로 준비한다.

만드는 법

1 불린 미역귀는 끓는 물에 1분간 데친 뒤 찬물에 두어 번 헹궈 물기를 꼭 짠다.
2 우동을 삶아서 찬물에 담갔다 물기를 빼서 그릇에 담는다.
  tip. 우동 삶는 법 p.37
3 장국을 붓고 미역귀, 간 무, 쪽파, 간 생강을 올린다.

냉우동

부어 먹는 장국

맛버섯 간 무 우동

나메코버섯이라고도 하는 맛버섯은 미끈하면서 폭신한 식감으로 일본에서 다양한 요리에 사용해요. 느타리버섯이나 송이버섯 등 다른 버섯을 활용해도 괜찮아요.

재료 (1인분)

냉동 우동 1사리
무 1/8개(약 100g)
맛버섯(또는 느타리버섯) 1컵
쪽파 약간
간 생강 약간

∥ 장국
쯔유(2배 농축) 3큰술
물 3큰술
미림 2작은술

재료 준비

- 미림을 전자레인지로 30~40초간 가열해 나머지 장국 재료와 섞은 뒤 냉장고에 넣어 차갑게 만든다.
- 무는 강판에 갈아 물기를 살짝 뺀다. 쪽파는 송송 썰어 고명으로 준비한다.

만드는 법

1 맛버섯은 끓는 물에 살짝 데치고, 채반에 밭쳐서 한 김 식힌다.
2 우동을 삶아서 찬물에 담갔다 물기를 빼서 그릇에 담는다.
  tip. 우동 삶는 법 p.37
3 장국을 붓고 맛버섯, 간 무를 올리고 쪽파, 간 생강을 곁들인다.

온우동

부어 먹는 장국

마즙 달걀 우동

온천 달걀을 톡 터트려 마즙과 함께 우동 면에 비벼 먹으면 고소함이 입안을 가득 채운답니다. 고추냉이는 마즙의 단맛을 더욱 끌어내는 역할을 해요.

재 료 (1인분)

냉동 우동 1사리
온천 달걀 1개
참마 50g
쪽파 약간
고추냉이 약간

∥ 장국

쯔유(2배 농축) 3큰술
물 3큰술
미림 2작은술

재 료 준 비

○ 참마는 강판에 간다. 쪽파는 송송 썰어 고명으로 준비한다.

만 드 는 법

1 우동을 삶아서 찬물에 담갔다 물기를 빼서 그릇에 담는다.
  tip. 우동 삶는 법 p.37

2 장국 재료를 섞어서 데운 뒤 ①에 붓고 마즙, 온천 달걀을 올리고 쪽파와 고추냉이를 곁들인다.
  tip. 온천 달걀 만드는 법 p.13

온우동

부어 먹는 장국

연어 마즙 우동

연어 플레이크는 데친 연어를 잘게 으깬 후 조미료를 넣어 볶은 것으로 온라인 식재료 쇼핑몰에서 구입할 수 있어요. 연어의 짭짤함과 감칠맛이 우동 면과 잘 어우러진답니다.

재료 (1인분)

냉동 우동 1사리
연어 플레이크 2큰술
참마 50g
쪽파 약간
김 약간

∥ 장국

쯔유(2배 농축) 3큰술
물 3큰술
미림 2작은술

재료 준비

○ 참마는 강판에 간다. 쪽파는 송송 썰고 김은 잘게 썰어 고명으로 준비한다.

만드는 법

1 우동을 삶아서 찬물에 담갔다 물기를 빼서 그릇에 담는다.
  tip. 우동 삶는 법 p.37
2 장국 재료를 섞어서 데운 뒤 ①에 붓고 연어 플레이크, 마즙을 올리고 쪽파와 김을 곁들인다.

온우동

부어 먹는 장국

가다랑어포 듬뿍 우동

얇게 깎아 고명용으로 주로 쓰이는 가다랑어포는 하늘거리는 모양이 마치 꽃잎과 같다고 해서 하나(花) 가다랑어포라고 불립니다. 쫄깃하게 삶은 붓카케 우동 면에 가다랑어포를 듬뿍 올려 궁극의 감칠맛을 즐겨보세요.

재료 (1인분)

냉동 우동 1사리
하나 가다랑어포 5g

∥ 장국
쯔유(2배 농축) 3큰술
물 3큰술
미림 2작은술

만드는 법

1 우동을 삶아서 찬물에 담갔다 물기를 빼서 그릇에 담는다.
   tip. 우동 삶는 법 p.37
2 장국 재료를 섞어서 데운 뒤 ①에 붓고 가다랑어포를 올린다.

간장 우동

찬물로 수축시켜 탄력이 살아있는 쫄깃한 면에 맛간장을 뿌려 먹는 우동이에요.
심플한 스타일로 간 무나 마즙이 잘 어울립니다.

22

냉우동

부어 먹는 장국

시원한 간 무와 영귤의 상큼함을 담은
간 무 간장 우동

재료 (1인분)

냉동 우동 1사리
무 1/8개 분량(약 100g)
영귤 1/2개
쪽파 약간
맛간장(또는 쯔유) 적당량

만드는 법

1 무는 강판에 갈아 가볍게 물기를 빼고 쪽파는 송송 썬다.

2 우동을 삶아서 찬물에 담갔다 물기를 빼서 그릇에 담는다.
   tip. 우동 삶는 법 p.37

3 간 무, 쪽파를 올리고 맛간장을 끼얹는다. 영귤을 곁들이고 먹기 전에 즙을 짠다.

고소한 마즙에 고추냉이로 킥을 더한
마즙 간장 우동

재료 (1인분)

냉동 우동 1사리
참마 50g
쪽파 약간
김 약간
고추냉이 약간
맛간장(또는 쯔유) 적당량

만드는 법

1 참마는 강판에 간다. 쪽파는 송송 썰고 김은 잘게 잘라 고명으로 준비한다.

2 우동을 삶아서 찬물에 담갔다 물기를 빼서 그릇에 담는다.
tip. 우동 삶는 법 p.37

3 마즙, 쪽파, 김, 고추냉이를 올리고 맛간장을 끼얹는다.

24

냉우동

부어 먹는 장국

우메보시로 상큼 시원 개운한 맛
매실 간 무 간장 우동

재료 (1인분)
냉동 우동 1사리
무 1/8개(약 100g)
쪽파 약간
우메보시 페이스트 1큰술
맛간장(또는 쯔유) 적당량

만드는 법

1 무는 강판에 갈아 가볍게 물기를 빼고 쪽파는 송송 썬다.

2 우동을 삶아서 찬물에 담갔다 물기를 빼서 그릇에 담는다.
tip. 우동 삶는 법 p.37

3 간 무, 쪽파, 우메보시 페이스트를 올리고 맛간장을 끼얹는다.

25

볶은 고추로 매콤 새콤한 맛
간 무 고추 간장 우동

재료 (1인분)

- 냉동 우동 1사리
- 무 1/8개(약 100g)
- 풋고추 8개
- 홍고추 약간
- 쪽파 약간
- 간장 1/2큰술
- 미림 1/2큰술
- 식용유 1/2큰술
- 초밥초(식초) 2작은술
- 맛간장(또는 쯔유) 2작은술

만드는 법

1 무는 강판에 갈아 가볍게 물기를 뺀다. 풋고추는 꼭지와 씨를 제거하고 굵게 다지고 홍고추와 쪽파는 송송 썬다.

2 프라이팬에 식용유, 홍고추를 넣고 약불에 올려 향이 나기 시작하면 풋고추를 넣어 볶는다. 기름기가 고루 돌면 간장, 미림을 넣고 물기가 없을 때까지 볶는다.

3 우동을 삶아서 찬물에 담갔다 물기를 빼서 그릇에 담는다.
tip. 우동 삶는 법 p.37

4 간 무와 ②, 쪽파를 올리고 초밥초와 맛간장을 섞어 끼얹는다.

네 번째

국물과 다양한 토핑을 즐기는
가케 우동

'가케 우동'은 장국을 부어서 먹는 우동이라는 뜻으로 아무리 먹어도 질리지 않는 대표적인 우동이에요. 튀김 부스러기, 유부, 김, 미역뿐만 아니라 고기, 해산물, 채소 등 다양한 재료를 토핑으로 활용할 수 있고 따끈하거나 차갑게 다채로운 스타일로 만들 수 있습니다.

기본
가케

온우동
부어 먹는 장국

가케 우동

가케 우동을 맛있게 먹으려면 맑은 장국의 맛을 제대로 살리는 것이 포인트랍니다. 가케 우동의 장국에 사용하는 시로다시는 가다랑어포와 다시마 등을 끓여 우려낸 국물에 백간장을 가미해 만든 조미료로 맑은 국물 요리를 할 때 음식의 색이나 풍미를 해치지 않으면서 맛을 낼 수 있어요. 시로다시가 없다면 쯔유로 대체해서 사용할 수 있어요.

재료 (1인분)

냉동 우동 1사리
쪽파 약간
간 생강 약간

∥ 장국

시로다시(또는 쯔유) 3큰술
물 1¼컵
미림 1큰술
간장 1/4작은술

재료 준비

○ 쪽파는 송송 썰어 고명으로 준비한다.

만드는 법

1 우동을 아래의 방법으로 삶아서 그릇에 담는다.
2 장국 재료를 섞어서 데운 뒤 그릇에 붓고 쪽파와 간 생강을 올린다.

우동 삶는 법

Point ○ 면을 삶아 찬물에 충분히 수축시킨다!

1 큰 냄비에 물을 가득 부어 불에 올리고, 끓어오르면 냉동 우동을 넣는다.

2 중강불로 포장지의 지시대로 삶는다. 면이 풀리면 젓가락으로 살살 저어주고 끓어 넘치려 하면 불을 줄여가며 한소끔 끓인다. 다른 냄비에 물과 장국을 각각 데운다.

3 면을 채반에 밭쳤다가 찬물에 넣고 가볍게 씻어서 다시 채반에 건진다.

4 면을 그릇에 담고 뜨거운 물을 부어서 15초 정도 둔다.

5 면을 채반에 밭쳐서 물기를 완전히 뺀 뒤 데운 그릇에 담고 장국을 붓는다.

※ 냉우동은 3번까지만 진행하고 물기를 완전히 빼서 그릇에 담는다.

온우동

부어 먹는 장국

기쓰네 우동

기쓰네(狐)는 여우라는 뜻인데, 여우가 유부를 좋아한다는 속설에 따라 지어진 이름이에요. 장국을 머금고 부드럽고 촉촉하게 부푼 유부의 고소한 맛이 일품이랍니다.

재료 (1인분)

냉동 우동 1사리
유부 1장
쪽파 약간

∥ 유부 양념
간장 1/2큰술
설탕 2작은술
미림 2작은술

∥ 장국
시로다시(또는 쯔유) 4큰술
물 1⅓컵
미림 1큰술
간장 1/4작은술

재료 준비

o 쪽파는 송송 썰어 고명으로 준비한다.

만드는 법

1 냄비에 유부, 유부 양념 재료, 유부가 잠길 정도의 물을 넣고 불에 올린다. 유부에 국물이 스며들어 부풀 때까지 7~8분간 끓인다.

2 우동을 삶아서 물기를 빼고 그릇에 담는다.
   tip. 우동 삶는 법 p.69

3 장국 재료를 섞어서 데운 뒤 그릇에 붓고 유부와 쪽파를 올린다.

온우동

부어 먹는 장국

바지락 우동

바지락을 껍데기째 듬뿍 넣어 국물의 진한 감칠맛을 즐길 수 있는 우동이에요. 미역을 곁들이면 씹는 맛을 더할 수 있어요.

재료 (1인분)

냉동 우동 1사리
바지락 150g
건조 미역 2g

∥ 장국

시로다시(또는 쯔유) 2큰술
물 1¼컵
미림 1큰술
간장 1/4작은술

재료 준비

○ 바지락은 소금물에 담가서 검은 비닐봉지로 감싸 1시간 정도 두어 해감한다.
○ 건조 미역은 물에 불려 물기를 빼둔다.

만드는 법

1 냄비에 장국 재료, 바지락을 넣고 불에 올린다. 바지락이 입을 벌리면 불을 끈다.
2 우동을 삶아서 물기를 빼고 그릇에 담는다.
   tip. 우동 삶는 법 p.69
3 ①을 데워서 ②에 붓고 미역을 곁들인다.

온우동
부어 먹는 장국

고기 듬뿍 우동

쯔유로 달콤 짭조름하게 볶은 소고기의 감칠맛이 국물에 녹아들어 먹을수록 깊은 맛이 나는 우동이에요.

재료 (1인분)

냉동 우동 1사리
얇게 썬 소고기 70g
양파 1/8개(25g)
쪽파 약간
설탕 2작은술
쯔유(2배 농축) 2큰술
식용유 약간

∥ 장국

시로다시(또는 쯔유) 2큰술
물 1¼컵
미림 1큰술
간장 1/4작은술

재료 준비

○ 소고기는 먹기 좋은 크기로 썬다.
○ 양파는 5㎜ 폭으로 얇게 썰고 쪽파는 송송 썰어 고명으로 준비한다.

만드는 법

1 내열 접시에 양파를 넣고 랩을 씌워서 전자레인지로 1분간 가열한다.
2 달군 프라이팬에 식용유를 두르고 소고기, ①, 설탕을 넣어 볶는다. 고기의 색이 변하면 쯔유를 넣고, 한소끔 끓인다.
3 우동을 삶아서 물기를 빼고 그릇에 담는다.
   tip. 우동 삶는 법 p.69
4 장국 재료를 섞어서 데운 뒤 그릇에 붓고 ②와 쪽파를 올린다.

온우동

부어 먹는 장국

오리 대파 우동

구우면 단맛과 풍미가 확 살아나는 대파와 오리고기의 깊고 진한 감칠맛이 국물에 더해져 초대 요리로도 손색없답니다. 생략해도 괜찮지만 향을 더욱 살리고 싶다면 유자 껍질과 파드득나물을 고명으로 약간 올려보세요.

재료 (1인분)

냉동 우동 1사리
오리고기 50g
대파 1/2개
파드득나물 약간
유자 껍질 약간
식용유 1작은술

‖ 장국

시로다시(또는 쯔유) 3큰술
물 1¼컵
미림 1큰술
간장 1/4작은술

재료 준비

○ 오리고기는 먹기 좋은 크기로 슬라이스 한다.
○ 대파는 3㎝ 길이로 썬다. 유자 껍질은 잘게 잘라 고명으로 준비한다.

만드는 법

1 달군 프라이팬에 식용유를 두르고 약불에 대파를 노릇노릇하게 굽는다.
2 냄비에 장국 재료를 넣어 불에 올리고 한소끔 끓으면 오리고기, 구운 대파를 넣어 살짝 끓인다.
3 우동을 삶아서 물기를 빼고 그릇에 담는다.
    tip. 우동 삶는 법 p.69
4 ②를 데워서 그릇에 붓고 파드득나물과 유자 껍질을 올린다.

온우동

부어 먹는 장국

김 우동

자반용 김을 토핑으로 듬뿍 올려 우동을 먹는 동안 바다의 향을 은은하게 느낄 수 있어요. 재료는 단순하지만 고소하면서 씹는 맛까지 있는 매력적인 우동이에요.

재료 (1인분)

냉동 우동 1사리
자반용 김 10g
간 생강 약간

∥ **장국**
시로다시(또는 쯔유) 3큰술
물 1¼컵
미림 1큰술
간장 ¼작은술

만드는 법

1 우동을 삶아서 물기를 빼고 그릇에 담는다.
   tip. 우동 삶는 법 p.69
2 장국 재료를 섞어서 데운 뒤 그릇에 붓고 자반용 김과 간 생강을 올린다.

온우동

부어 먹는 장국

미역 쓰키미 우동

쓰키미(月見)는 달구경이라는 뜻으로, 면 위에 뜬 노른자가 둥근 달 모양이고 뜨거운 국물 때문에 하얗게 변하는 흰자는 구름처럼 보여서 붙은 이름이랍니다.

재료 (1인분)

냉동 우동 1사리
달걀 1개
건조 미역 2g
쪽파 약간
튀김 부스러기 약간

∥ 장국

시로다시(또는 쯔유) 3큰술
물 1¼컵
미림 1큰술
간장 1/4작은술

재료 준비

○ 달걀은 미리 상온에 꺼내둔다.
○ 건조 미역은 물에 불려 물기를 빼둔다.
○ 쪽파는 송송 썰어 고명으로 준비한다.

만드는 법

1 우동을 삶아서 물기를 빼고 그릇에 담는다.
   tip. 우동 삶는 법 p.69

2 장국 재료를 섞어서 데운 뒤 그릇에 붓고 달걀을 깨 넣는다. 미역, 쪽파, 튀김 부스러기를 올린다.

냉우동

부어 먹는 장국

참깨 냉우동

더운 계절에 시원한 국물을 넉넉하게 즐길 수 있는 냉우동이에요. 재료는 심플하지만 참깨의 고소한 맛과 향이 더해져 특별한 맛을 낸답니다.

재 료 (1인분)

냉동 우동 1사리
쪽파 약간
간 생강 약간
참깨 약간

▯ 장국

시로다시(또는 쯔유) 3큰술
물 1¼컵
미림 1큰술
간장 1/4작은술

재료 준비

○ 미림을 전자레인지로 30~40초간 가열해 나머지 장국 재료와 섞은 뒤 냉장고에 넣어 차갑게 만든다.
○ 쪽파는 송송 썰어 고명으로 준비한다.
○ 참깨는 굵게 갈거나 빻는다.

만 드 는 법

1 우동을 삶아서 찬물에 담갔다 물기를 빼고 그릇에 담는다.
    tip. 우동 삶는 법 p.69
2 장국을 붓고 쪽파, 간 생강, 간 참깨를 올린다.

영귤 간 무 냉우동

간 무를 올려 시원하고 깔끔하게 즐기는 냉우동에 영귤의 즙으로 상큼한 향을 더했어요.

재료 (1인분)

냉동 우동 1사리
무 1/8개(약 100g)
영귤 1/2개
쪽파 약간
간 생강 약간

∥ 장국

시로다시(또는 쯔유) 3큰술
물 1¼컵
미림 1큰술
간장 1/4작은술

재료 준비

○ 미림을 전자레인지로 30~40초간 가열해 나머지 장국 재료와 섞은 뒤 냉장고에 넣어 차갑게 만든다.
○ 무는 강판에 갈아 물기를 살짝 빼고 영귤은 세로로 반을 자른다. 쪽파는 송송 썰어 고명으로 준비한다.

만 드 는 법

1 우동을 삶아서 찬물에 담갔다 물기를 빼고 그릇에 담는다.
   tip. 우동 삶는 법 p.69
2 장국을 붓고 간 무, 쪽파, 간 생강을 올린다. 영귤을 곁들이고 먹기 전에 즙을 짠다.

냉우동
부어 먹는 장국

유부 간 무 냉우동

촉촉하게 국물을 머금은 달콤 짭짤한 유부채 조림을 토핑으로 듬뿍 올려보세요. 시원한 냉우동에 씹는 맛을 더해준답니다.

재료 (1인분)

냉동 우동 1사리
유부 1/2장
무 1/8개(약 100g)
쪽파 약간
간 생강 약간

∥ 유부 양념
간장 1/2큰술
설탕 2작은술
미림 2작은술

∥ 장국
시로다시(또는 쯔유) 3큰술
물 1¼컵
미림 1큰술
간장 1/4작은술

재료 준비

○ 장국용 미림을 전자레인지로 30~40초간 가열해 나머지 장국 재료와 섞은 뒤 냉장고에 넣어 차갑게 만든다.
○ 유부는 반으로 자른 뒤 5mm 폭으로 썬다.
○ 무는 강판에 갈아 물기를 살짝 뺀다. 쪽파는 송송 썰어 고명으로 준비한다.

만드는 법

1 냄비에 유부, 유부 양념 재료, 유부가 잠길 정도의 물을 넣고 불에 올린다. 유부에 국물이 스며들 때까지 4~5분간 조린 후 한 김 식힌다.

2 우동을 삶아서 찬물에 담갔다 물기를 빼고 그릇에 담는다.
   tip. 우동 삶는 법 p.69

3 장국을 붓고 ①, 간 무, 쪽파, 간 생강을 올린다.

토마토 냉우동

올리브유에 재운 토마토, 푸른 차조기, 마늘의 풍미가 이색적인 이탈리아 스타일의 우동이에요.

냉우동

부어 먹는 장국

재 료 (1인분)

냉동 우동 1사리
토마토 1/2개
푸른 차조기(또는 바질) 1장
쪽파 약간
올리브유 1큰술
간 마늘 약간
소금 약간

∥ 장국
시로다시(또는 쯔유) 3큰술
물 1¼컵
미림 1큰술
간장 1/4작은술

재 료 준 비

○ 미림을 전자레인지로 30~40초간 가열해 나머지 장국 재료와 섞은 뒤 냉장고에 넣어 차갑게 만든다.
○ 토마토는 사방 1.5㎝ 크기로 큼직하게 썰고 차조기 잎은 잘게 다진다. 쪽파는 송송 썰어 고명으로 준비한다.

만 드 는 법

1 볼에 토마토, 차조기, 올리브유, 간 마늘, 소금을 넣어 섞고 15분간 재운다.
2 우동을 삶아서 찬물에 담갔다 물기를 빼고 그릇에 담는다.
 tip. 우동 삶는 법 p.69
3 장국을 붓고 ①, 쪽파를 올린다.

냉우동

부어 먹는 장국

구운 가지 냉우동

가지를 구우면 고소한 맛과 단맛은 강해지고 부드러운 식감으로 즐길 수 있어요. 구운 가지와 매실, 가다랑어포의 환상적인 조합을 만나보세요.

재료 (1인분)

냉동 우동 1사리
가지 1개
우메보시(큰 것) 1개
쪽파 약간
하나 가다랑어포 적당량

∥ 장국
시로다시(또는 쯔유) 3큰술
물 1¼컵
미림 1큰술
간장 1/4작은술

재료 준비

○ 미림을 전자레인지로 30~40초간 가열해 나머지 장국 재료와 섞은 뒤 냉장고에 넣어 차갑게 만든다.
○ 우메보시는 씨를 빼고 굵게 다진다. 쪽파는 송송 썰어 고명으로 준비한다.

만드는 법

1 생선 그릴에 가지를 올리고 강불로 굽는다. 껍질이 타면 찬물에 담갔다 껍질을 벗기고 한입 크기로 썬다.
2 우동을 삶아서 찬물에 담갔다 물기를 빼고 그릇에 담는다.
   tip. 우동 삶는 법 p.69
3 장국을 붓고 ①, 우메보시, 가다랑어포, 쪽파를 올린다.

돼지고기 김치 두유 냉우동

국물에 물 대신 두유를 사용해 부드럽고 고소한 맛을 즐길 수 있어요. 김치의 매콤함이 돼지고기의 느끼함을 잡아주고 맛에 포인트가 되어준답니다.

재 료 (1인분)

냉동 우동 1사리
돼지 삼겹살(샤부샤부용) 50g
배추김치 50g
쪽파 약간

∥ 장국

시로다시(또는 쯔유) 3큰술
두유(무첨가) 1¼컵
미림 1큰술

재료 준비

○ 미림을 전자레인지로 30~40초간 가열해 나머지 장국 재료와 섞은 뒤 냉장고에 넣어 차갑게 만든다.
○ 삼겹살은 먹기 좋은 크기로 썬다.
○ 배추김치는 먹기 좋은 크기로 썰고 쪽파는 송송 썰어 고명으로 준비한다.

만드는 법

1 삼겹살은 끓는 물에 데쳐 찬물에 잠깐 담갔다가 물기를 빼고 배추김치와 섞는다.
   tip. 데칠 때 물이 팔팔 끓지 않을 정도로 불을 조절한다.
2 우동을 삶아서 찬물에 담갔다 물기를 빼고 그릇에 담는다.
   tip. 우동 삶는 법 p.69
3 장국을 붓고 ①, 쪽파를 올린다.

쓰케 우동

쫄깃한 우동을 진한 장국에 찍어 먹는 쓰케 우동.
고기와 함께 먹으면 감칠맛이 폭발해 만족감이 커집니다!

39
쓰케

매운 고기 우동

라유의 매콤함에 참깨의 고소함을 더한 중독성 강한 맛의 우동이에요.
잘게 썬 김을 고명으로 듬뿍 올려 온천 달걀을 넣은 장국에 찍어 먹으면 별미랍니다.

냉우동   찍어 먹는 장국

재료 (1인분)

냉동 우동 1사리
얇게 썬 소고기 140g
온천 달걀 1개
대파 1/6개
김 적당량
설탕 2작은술
쯔유(2배 농축) 2큰술
참기름 1작은술
볶은 참깨 1작은술
라유(고추기름) 적당량
식용유 약간

▌장국

쯔유(2배 농축) 1/3컵
물 1/3컵
미림 1큰술

재료 준비

○ 미림을 전자레인지로 30~40초간 가열해 나머지 장국 재료와 섞은 뒤 냉장고에 넣어 차갑게 만든다.
○ 소고기는 먹기 좋은 크기로 썬다.
○ 대파는 얇고 어슷하게 썰고 김은 잘게 썰어 고명으로 준비한다.

만드는 법

1 달군 프라이팬에 식용유를 두르고 소고기, 설탕을 넣어 볶는다. 고기의 색이 변하면 쯔유를 넣고 한소끔 끓인 뒤 참기름, 볶은 참깨를 넣고 한 번 섞는다.

2 우동을 삶아서 찬물에 담갔다 물기를 빼고 그릇에 담는다.
tip. 우동 삶는 법 p.69

3 우동 면 위에 ①, 대파, 김 순으로 올린다.

4 다른 그릇에 장국을 담고 온천 달걀을 깨 넣는다. 취향에 따라 라유를 약간 넣는다.
tip. 온천 달걀 만드는 법 p.13

40
쓰케

돼지고기 장국 우동

고소한 삼겹살과 아삭아삭한 대파의 절묘한 콜라보를 느껴보세요.
영귤이나 레몬즙을 살짝 뿌려주면 더욱 향긋하게 즐길 수 있어요.

온우동   찍어 먹는 장국

재료 (1인분)

냉동 우동 1사리
돼지 삼겹살 40g
유부 1/4장
대파 1/6개
영귤 1/2개
참깨 약간
간 생강 약간

‖ 장국

쯔유(2배 농축) 1/3컵
물 1/3컵
미림 1큰술

재료 준비

- 삼겹살은 4cm 폭으로 썬다.
- 유부는 반으로 자른 뒤 5mm 폭으로 썬다.
- 대파는 5mm 폭으로 어슷하게 썰고 영귤은 세로로 반을 자른다. 참깨는 굵게 빻아서 고명으로 준비한다.

만드는 법

1. 냄비에 장국 재료를 넣고 불에 올린다. 끓어오르면 삼겹살, 유부, 대파를 넣고 1~2분간 끓이며 거품을 걷어 낸다.
2. 우동을 삶아서 찬물에 담갔다 물기를 빼고 그릇에 담는다.
   tip. 우동 삶는 법 p.69
3. ①을 데워서 다른 그릇에 담고 영귤, 간 참깨, 간 생강을 따로 곁들인다. 먹기 전에 영귤을 짠다.

다섯 번째

우동의 고정관념을 깬다!
스페셜 우동

온우동   냉우동

우동은 어떤 국물을 쓰고 어떤 토핑을 올리느냐에 따라 맛의 변신이 무궁무진하답니다.
진짜 우동 마니아라면 고정관념을 깨고 상식을 뛰어넘는 다채로운 우동에 도전해보세요!

온우동

부어 먹는 장국

돼지 샤부샤부 미소된장 우동

돼지고기와 배추를 넣어 속을 뜨끈하게 채워주는 든든한 우동이에요. 장국에 미소된장을 넣어 구수하면서 달짝지근한 맛을 살렸어요.

재료 (1인분)

냉동 우동 1사리
돼지 삼겹살(샤부샤부용) 80g
배추 1/2장
만가닥버섯 1/4팩(30g)
쪽파 약간
참깨 1작은술

∥ 장국

쯔유(2배 농축) 1/4컵
미소된장 2큰술
미림 1큰술
물 1/3컵

재료 준비

○ 삼겹살은 먹기 좋은 크기로 썬다.
○ 배추는 채 썰고 만가닥버섯은 밑동을 잘라낸다. 쪽파는 송송 썰고 참깨는 굵게 빻아 고명으로 준비한다.

만드는 법

1 냄비에 물을 끓여 배추, 만가닥버섯을 데친다. 배추가 부드러워지면 삼겹살을 넣고 데친 뒤 체에 밭쳐둔다.
   tip. 데칠 때 물이 팔팔 끓지 않을 정도로 불을 조절한다.

2 우동을 삶아서 물기를 빼고 그릇에 담는다.
   tip. 우동 삶는 법 p.69

3 물기를 완전히 뺀 ①을 올리고 장국 재료를 섞어서 데운 뒤 붓는다. 참깨와 쪽파를 뿌려 낸다.

맛있게 매운 탄탄 우동

매운맛 폭탄 탄탄 우동

스페셜

온우동

부어 먹는 장국

맛있게 매운 탄탄 우동
& 매운맛 폭탄 탄탄 우동

라유와 돼지고기볶음으로 중독성 있는 감칠맛을 낸 탄탄 우동이에요. 극한의 매콤함을 즐기고 싶다면 라유와 고춧가루를 듬뿍 넣은 매운맛 폭탄 탄탄 우동을 추천해요.

재료 (1인분)

냉동 우동 1사리
다진 돼지고기 100g
시금치 1/2포기
가다랑어포 가루 1/2큰술
라유(고추기름) 적당량
소금 약간

▪ 고기 양념

간장 1큰술
미림 1큰술
설탕 1작은술
고춧가루 약간

▪ 장국

두유(무첨가) 3/4컵
물 1/3컵
치킨스톡 1/2큰술
참깨 페이스트 1½큰술
미림 1½큰술
생크림 1큰술
간장 1/4작은술

재료 준비

○ 시금치는 소금을 약간 넣은 끓는 물에 15~20초 정도 데쳐 찬물에 헹구고 4㎝ 길이로 썬다.

만드는 법

1 달군 프라이팬에 다진 돼지고기를 볶다가 고기의 색이 변하면 고기 양념 재료를 넣고 물기가 사라질 때까지 볶는다.

2 우동을 삶아서 물기를 빼고 그릇에 담는다.
   tip. 우동 삶는 법 p.69

3 장국 재료를 섞어서 데운 뒤 붓는다. ①, 시금치, 가다랑어포 가루를 올리고 라유를 뿌린다.
   tip. 매운맛 폭탄 탄탄 우동은 고춧가루와 라유를 원하는 만큼 듬뿍 넣어 마무리한다.

온우동

부어 먹는 장국

채소 아게다시 우동

아게다시는 재료에 밀가루나 전분을 살짝 묻혀서 튀기는 조리법으로 보통 바삭한 튀김 위에 간장 소스를 끼얹어 먹는답니다. 채소를 장국에 한 번 삶았다가 튀기면 아게다시와 국물 모두 감칠맛과 깊은 맛이 배가됩니다.

재료 (1인분)

냉동 우동 1사리
닭 허벅지살 80g
무 1/5개(200g)
당근 1/6개(30g)
토란 1개(30g)
꽈리고추 1개
유자 껍질 약간
전분 적당량
튀김기름 적당량

▮ 장국

시로다시(또는 쯔유) 3큰술
물 1¼컵
미림 1큰술
간장 1/4작은술

재료 준비

○ 닭고기는 한입 크기로 썬다.
○ 무는 분량의 반은 강판에 갈아서 물기를 빼고, 나머지는 한입 크기로 썬다. 당근, 토란은 한입 크기로 썰고 꽈리고추는 이쑤시개로 2~3군데 구멍을 낸다. 유자 껍질은 잘게 잘라 고명으로 준비한다.

만드는 법

1 냄비에 장국 재료, 닭고기, 한입 크기로 썬 무, 당근, 토란을 넣고 불에 올린다. 15분간 끓인 후 불을 끄고 한 김 식힌다.
2 ①의 닭고기와 채소를 건져서 물기를 닦고 전분을 묻힌다.
3 다른 냄비에 튀김기름을 175℃로 달구고 ②의 재료를 튀긴다. 꽈리고추는 튀김옷 없이 그대로 튀긴다.
4 우동을 삶아서 물기를 빼고 그릇에 담는다.
tip. 우동 삶는 법 p.69
5 ①의 장국에 ③을 넣고 데워서 우동에 붓는다. 간 무와 유자 껍질을 곁들인다.

온우동

부어 먹는 장국

카레 우동

탱글한 우동과 카레의 만남은 무심결에 먹고 싶어지는 한 그릇의 행복이랍니다. 돼지고기의 풍미를 더해 뭉근하게 끓여내면 더욱 깊은 맛을 즐길 수 있어요.

재료 (1인분)

냉동 우동 1사리
얇게 썬 돼지 삼겹살 30g
쪽파 1줄기
유부 1/4장
고형 카레(매운맛) 20g
전분 1작은술

∥ 장국

시로다시(또는 쯔유) 1큰술
물 1컵
미림 2큰술

재료 준비

○ 삼겹살은 3cm 폭으로 썬다.
○ 쪽파는 어슷하게 썰고 유부는 길이를 반으로 잘라 5mm 폭으로 썬다.
○ 고형 카레는 잘게 다진다.
○ 전분은 2배 분량의 물에 푼다.

만드는 법

1 냄비에 장국 재료, 삼겹살, 쪽파, 유부를 넣고 불에 올린다. 한소끔 끓으면 고형 카레를 넣어서 녹인다.
   tip. 취향에 따라 카레 가루를 약간 넣는다.
2 물에 푼 전분을 ①에 넣어 걸쭉하게 만든다.
3 우동을 삶아서 물기를 뺀 뒤 그릇에 담고 ②를 붓는다.
   tip. 우동 삶는 법 p.69

온우동

부어 먹는 장국

돈가스 카레 우동

맛도 비주얼도 강렬한 돈가스 카레 우동이랍니다. 돈가스에 카레 소스를 찍어 한입, 우동 한입 먹다 보면 따로 먹을 때보다 훨씬 맛있고 든든한 기분이 들어요.

재료 (1인분)

냉동 우동 1사리
등심 돈가스 2장
유부 1/4장
쪽파 약간
고형 카레(매운맛) 20g
전분 1작은술

∥ 장국

시로다시(또는 쯔유) 1큰술
물 1컵
미림 2큰술

재료 준비

○ 유부는 길이를 반으로 잘라 5㎜ 폭으로 썬다.
○ 쪽파는 송송 썰어 고명으로 준비한다.
○ 고형 카레는 잘게 다진다.
○ 전분은 2배 분량의 물에 푼다.

만드는 법

1. 냄비에 장국 재료, 유부를 넣고 불에 올린다. 한소끔 끓으면 고형 카레를 넣어서 녹인다.
   tip. 취향에 따라 카레 가루를 약간 넣는다.
2. 물에 푼 전분을 ①에 넣어 걸쭉하게 만든다.
3. 우동을 삶아서 물기를 뺀 뒤 그릇에 담고 ②를 붓는다. 돈가스와 쪽파를 올린다.
   tip. 우동 삶는 법 p.69

등심 돈가스 만드는 법

재료

돼지 등심(돈가스용) 1장
소금 약간
후추 약간
달걀물 1개분
밀가루 적당량
빵가루 적당량
튀김기름 적당량

1. 돼지고기는 칼등으로 가볍게 두드린 후 반으로 잘라 소금, 후추를 뿌린다.
2. 밀가루, 달걀물, 빵가루 순으로 튀김옷을 입힌다.
3. 냄비에 튀김기름을 170℃로 달구고 ②를 속까지 익도록 튀긴다.

스페셜 47

온우동

부어 먹는 장국

달걀 앙카케 우동

전분을 넣어 걸쭉하게 만든 요리를 뜻하는 앙카케를 응용한 우동이에요. 부드러운 달걀 앙카케가 우동 면발과 잘 어우러지고 몸속부터 따뜻하게 데워주는 기분이 들어요.

재료 (1인분)

냉동 우동 1사리
달걀 1개
쪽파 약간
전분 1/2큰술

∥ 장국
시로다시(또는 쯔유) 2큰술
물 2/3컵
미림 1큰술
간장 1/4작은술

재료 준비

○ 달걀은 볼에 깨서 잘 푼다.
○ 쪽파는 송송 썰어 고명으로 준비한다.
○ 전분은 2배 분량의 물에 푼다.

만드는 법

1 냄비에 장국 재료를 넣고 불에 올린다. 한소끔 끓으면 물에 푼 전분을 넣어 걸쭉하게 만들고 풀어둔 달걀을 조금씩 부으며 섞는다.
2 우동을 삶아서 물기를 빼고 그릇에 담은 뒤 ①을 붓고 쪽파를 올린다.
tip. 우동 삶는 법 p.69

온우동

부어 먹는 장국

명란 달걀 앙카케 우동

뜨끈한 국물에 풀린 부들부들한 달걀이 쫄깃한 면과 함께 입안을 가득 채우는 앙카케 우동. 명란은 국물에 간을 더하며 감칠맛을 살려준답니다.

재료 (1인분)

냉동 우동 1사리
명란 30g
달걀 1개
쪽파 약간
김 약간
전분 1/2큰술

∥ 장국

시로다시(또는 쯔유) 1½큰술
물 2/3컵
미림 1큰술
간장 1/4작은술

재료 준비

○ 명란은 껍질을 제거하고 속만 발라낸다.
○ 달걀은 볼에 깨서 잘 푼다.
○ 쪽파는 송송 썰고 김은 잘게 썰어 고명으로 준비한다.
○ 전분은 2배 분량의 물에 푼다.

만드는 법

1 냄비에 장국 재료를 넣고 불에 올린다. 한소끔 끓으면 물에 푼 전분을 넣어 걸쭉하게 만들고 풀어둔 달걀을 조금씩 부으며 섞는다.
2 우동을 삶아서 물기를 빼고 그릇에 담은 뒤 ①을 붓고 명란, 쪽파, 김을 올린다.
tip. 우동 삶는 법 p.69

온우동

부어 먹는 장국

김 달걀 앙카케 우동

고소한 김 굽는 냄새가 퍼지면 입맛이 살아나지요. 구운 김에 자반용 김까지 듬뿍 올려 바다의 향을 은은하게 즐길 수 있는 우동이에요.

재료 (1인분)

냉동 우동 1사리
달걀 1개
자반용 김 3g
김(전장) 1/6장
쪽파 약간
전분 1/2큰술

■ 장국
시로다시(또는 쯔유) 2큰술
물 2/3컵
미림 1큰술
간장 1/4작은술

재료 준비

○ 달걀은 볼에 깨서 잘 푼다.
○ 석쇠나 프라이팬에 김을 올리고 약불로 양면을 굽는다.
○ 쪽파는 송송 썰어 고명으로 준비한다.
○ 전분은 2배 분량의 물에 푼다.

만드는 법

1 냄비에 장국 재료를 넣고 불에 올린다. 한소끔 끓으면 물에 푼 전분을 넣어 걸쭉하게 만들고 풀어둔 달걀을 조금씩 부으며 섞는다.
2 우동을 삶아서 물기를 빼고 그릇에 담은 뒤 ①을 붓고 자반용 김, 쪽파를 올린다. 구운 김을 곁들인다.
   tip. 우동 삶는 법 p.69

온우동

부어 먹는 장국

게살 달걀 앙카케 우동

고급스러운 맛의 특별한 우동을 즐기고 싶다면 게살을 활용해보세요. 게 내장을 이용해 농후한 맛과 향의 소스를 만들면 깊은 감칠맛을 더할 수 있어요.

재료 (1인분)

냉동 우동 1사리
달걀 1개
게살 30g
전분 1/2큰술
파드득나물 약간

■ 게 내장 소스
게 내장 1큰술
물 1큰술

■ 장국
시로다시(또는 쯔유) 2큰술
물 2/3컵
미림 1큰술
간장 1/4작은술

재료 준비

○ 달걀은 볼에 깨서 잘 푼다.
○ 게살은 분량의 1/4만 잘게 푼다.
○ 전분은 2배 분량의 물에 푼다.

만드는 법

1 냄비에 장국 재료를 넣고 불에 올려 한소끔 끓으면 잘게 풀어둔 게살, 물에 푼 전분을 넣어 걸쭉하게 만든다. 풀어둔 달걀을 조금씩 부으며 섞는다.

2 우동을 삶아서 물기를 빼고 그릇에 담는다.
tip. 우동 삶는 법 p.69

3 ①을 붓고 남은 게살과 파드득나물을 올린다. 게 내장 소스 재료를 섞은 뒤 뿌려서 낸다.

51 스페셜

온우동

부어 먹는 장국

소고기 달걀 앙카케 우동

폭신한 달걀과 달콤 짭짤한 소고기의 절묘한 조화를 맛볼 수 있는 우동이에요. 소고기를 듬뿍 올려 속을 든든하게 채워준답니다.

재료 (1인분)

냉동 우동 1사리
달걀 1개
얇게 썬 소고기 70g
쪽파 약간
간 생강 약간
설탕 1½작은술
쯔유(2배 농축) 1½큰술
전분 1/2큰술
식용유 약간

∥ 장국

시로다시(또는 쯔유) 1½큰술
물 2/3컵
미림 1큰술

재료 준비

○ 달걀은 볼에 깨서 잘 푼다.
○ 소고기는 먹기 좋은 크기로 썬다.
○ 쪽파는 송송 썰어 고명으로 준비한다.
○ 전분은 2배 분량의 물에 푼다.

만드는 법

1 달군 프라이팬에 식용유를 두르고 소고기, 설탕을 넣어 볶는다. 고기의 색이 변하면 쯔유를 넣어 한소끔 끓인다.
2 냄비에 장국 재료를 넣고 불에 올린다. 한소끔 끓으면 물에 푼 전분을 넣어 걸쭉하게 만들고 풀어둔 달걀을 조금씩 부으며 섞는다.
3 우동을 삶아서 물기를 빼고 그릇에 담은 뒤 ②를 붓고 ①, 쪽파, 간 생강을 올린다.
tip. 우동 삶는 법 p.69

온우동

부어 먹는 장국

소고기 달걀말이 우동

달달하게 볶은 소고기와 유부를 부드러운 달걀로 감싸 우동 위에 올려요. 맛을 보장할 뿐 아니라 예쁜 비주얼이 눈을 사로잡는 한 그릇이랍니다.

재 료 (1인분)

냉동 우동 1사리
얇게 썬 소고기 70g
유부 1/4장
달걀 1개
쪽파 약간
초생강 약간
설탕 2작은술
쯔유(2배 농축) 2큰술
전분 1/2큰술
식용유 적당량

∥ 장국

시로다시(쯔유) 2큰술
물 1¼컵
미림 1큰술
간장 1/4작은술

재 료 준 비

○ 소고기는 먹기 좋은 크기로 썬다.
○ 유부는 길이를 반으로 자르고 5㎜ 폭으로 썬다.
○ 쪽파는 송송 썰어 고명으로 준비한다.
○ 전분은 2배 분량의 물에 푼다.
○ 장국 재료를 섞는다.

만 드 는 법

1 달군 프라이팬에 식용유를 두르고 소고기, 유부, 설탕을 넣어 볶는다. 고기의 색이 변하면 쯔유를 넣고 한소끔 끓인다.

2 볼에 달걀을 깨서 잘 푼 뒤 장국 1큰술을 넣고 고루 섞는다.

3 달걀말이 팬에 식용유를 약간 넣어서 달구고 ②를 붓는다. 요리용 젓가락으로 휘저어서 반숙으로 익으면 모양을 정돈한 뒤 ①을 올리고 반으로 접어 감싼다.

4 냄비에 남은 장국을 넣고 불에 올린다. 한소끔 끓으면 물에 푼 전분을 넣어 걸쭉하게 만든다.

5 우동을 삶아서 물기를 빼고 그릇에 담는다. ④를 붓고 ③, 쪽파, 초생강을 올린다.

tip. 우동 삶는 법 p.69

53 스페셜

온우동

부어 먹는 장국

소고기 스키야키 전골 우동

마치 스키야키 전골의 마지막 코스로 우동 면을 넣어 끓여 먹는 듯한 깊은 맛의 특별한 우동이에요. 진한 소스가 제대로 밴 고기와 면을 달걀에 찍어 먹으면 고소함이 더해진답니다.

재료 (1인분)

냉동 우동 1사리
얇게 썬 소고기 100g
배추 1장
양파 1/4개
대파 1/2개
두부 1/4모
달걀 1개
설탕 1½큰술
쯔유(2배 농축) 1/2컵
물 1/2컵
식용유 약간

재료 준비

○ 소고기는 먹기 좋은 크기로 썬다.
○ 배추는 먹기 좋은 크기로 썰고 양파는 5㎜ 폭으로 얇게 썬다. 대파는 1㎝ 폭으로 어슷하게 썰고 두부는 2㎝ 두께로 썬다.

만드는 법

1 달군 프라이팬에 식용유를 두르고 소고기, 설탕을 넣어 볶는다. 고기의 색이 변하면 쯔유, 물을 넣어 한소끔 끓인다.

2 우동을 전자레인지로 2분간 가열한다. ①에 우동, 배추, 양파, 대파, 두부를 넣고 7~8분간 끓여 채소가 부드러워지면 불을 끄고 그릇에 담는다.

3 다른 그릇에 달걀을 깨 넣고 ②에 곁들인다.

여섯번째

우동에 곁들이는 요리로 빼놓을 수 없는

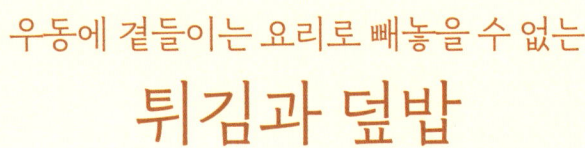

우동을 먹는 커다란 즐거움 중 하나는 곁들이는 튀김이랍니다.
닭가슴살을 튀긴 가시와텐, 각종 채소를 모아 튀기는 가키아게와 같은 인기 사이드 메뉴를
만드는 법을 소개해요. 또한 마니아들의 군침을 돌게 하는 비밀의 덮밥 메뉴도 도전해보세요.

54

튀김

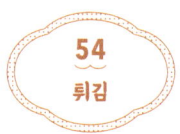

가시와텐

닭가슴살을 통째로 튀겨내는 인기 메뉴랍니다. 퍼석퍼석하기 쉬운 닭가슴살을 촉촉하고 폭신하게 만드는 비결은 밑간에 있어요. 시판 소불고기 양념과 간 마늘에 재우고, 튀김옷을 두껍게 입히면 촉촉한 튀김이 됩니다.

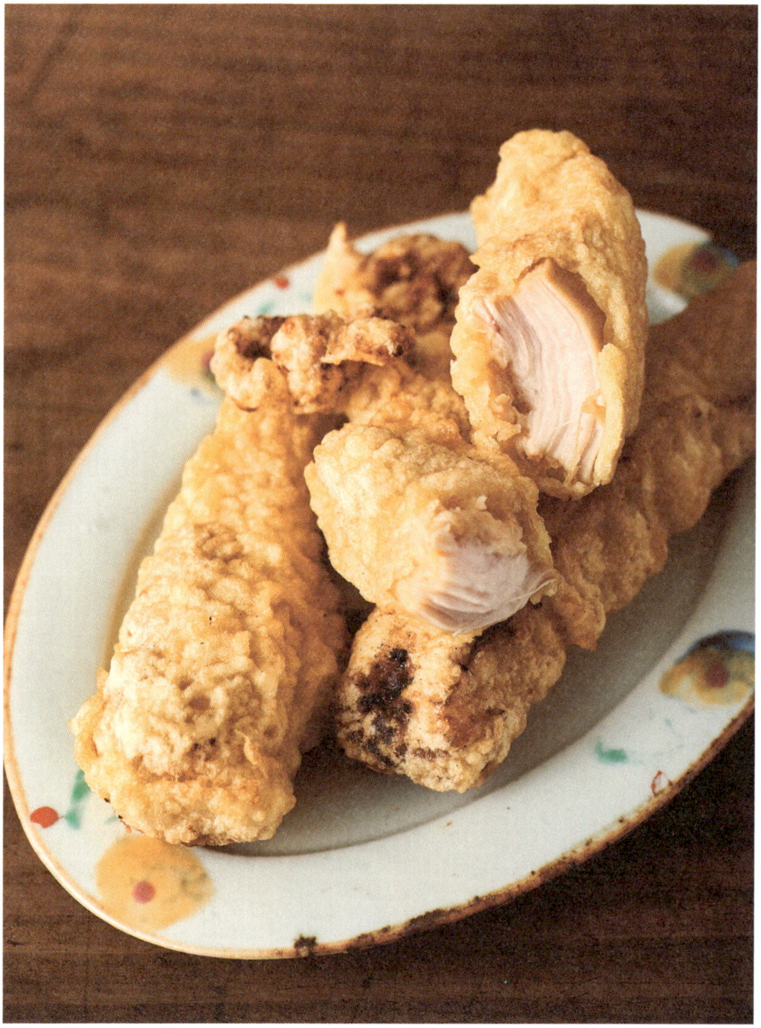

재료 (만들기 편한 분량)

닭가슴살 2장(500g)
튀김가루 100g
물 160㎖
튀김기름 적당량

▌ 밑간
시판 소불고기 양념 3큰술
간장 1큰술
간 생강 1/2작은술(5g)
간 마늘 1/2작은술(5g)

만드는 법

1 닭고기는 비닐봉지에 넣고 밀대로 두드려 두께를 균일하게 만든다.

2 힘줄을 끊으며 길쭉하게 자른다.
tip. 1개에 약 70g 정도면 적당해요.

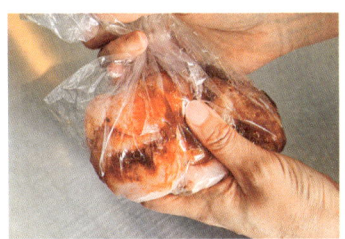

3 비닐봉지에 밑간 재료, ②를 넣어 주무르고 15분 이상 재운다.

4 ③의 수분을 닦아내고 튀김가루(분량 외)를 얇게 입힌다. 볼에 튀김가루, 물을 넣고 가볍게 섞은 뒤 닭고기를 넣어 튀김옷을 고루 입힌다.

5 팬에 튀김기름을 170℃로 달구고 ④의 튀김옷을 입힌 닭고기를 넣어 튀긴다.

55
튀김

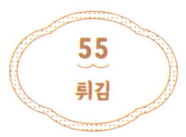

채소 가키아게

가키아게는 여러 재료를 한데 모아 섞어서 튀긴 튀김이랍니다. 알루미늄 포일로 틀을 만들어 반죽을 부어 넣으면 모양을 예쁘게 잡을 수 있어요. 바삭바삭한 식감을 살리려면 여분의 가루를 충분히 털고 튀김옷을 얇게 입히세요.

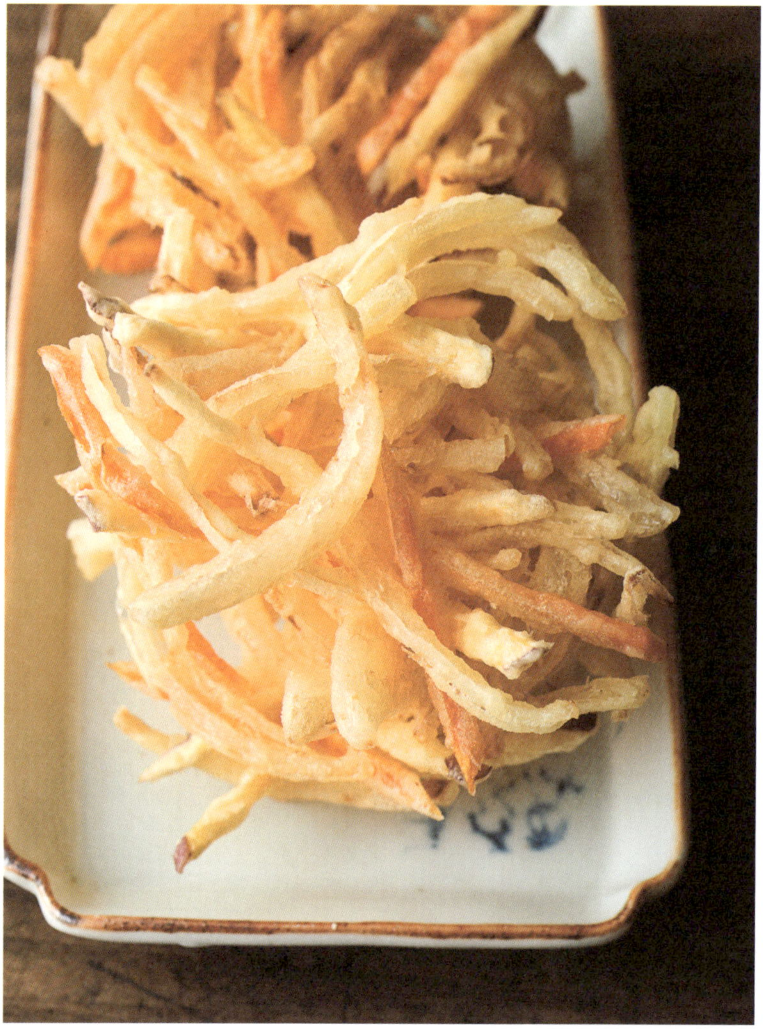

재료 (2개 분량)

양파 1/2개(100g)
당근 1/8개(20g)
고구마 1/10개(20g)
튀김가루 80g
물 125㎖
튀김기름 적당량

만드는 법

1 양파는 5㎜ 폭으로 얇게 썰고 당근, 고구마는 채 썬다. 볼에 양파, 당근, 고구마, 튀김가루 1큰술(분량 외)을 넣고 가루가 고루 묻도록 손으로 가볍게 섞는다.

2 다른 볼에 튀김가루, 물을 넣어 섞고, ①에 조금씩 넣으며 가볍게 섞는다.
tip. 볼 바닥에 튀김옷이 고이지 않고 채소에 고루 묻게 한다.

3 팬에 튀김기름을 4~5㎝ 정도 부어 170℃로 달구고 알루미늄 틀을 담근다. ②를 조금씩 넣으며 둥근 모양을 만든다.
tip. ②를 두 번 나눠서 튀긴다.

4 아랫부분이 익어서 굳으면 틀을 빼내고 뒤집어서 전체를 튀긴다. 나머지 반죽도 같은 방법으로 튀긴다.

틀 만드는 법

1 30×25㎝의 알루미늄 포일을 2장 준비해 긴 변이 아래로 가게 놓는다. 아래의 1/3 지점을 접어서 가장자리끼리 5㎝ 정도 겹치게 한다.
2 뒤집어서 위의 1/3 지점을 접어 길쭉한 1장으로 만든다.
3 둥글게 말아서 끝을 1.5㎝ 정도 바깥쪽으로 접고 지름이 약 15㎝가 되도록 끝을 겹쳐서 접는다.

56
튀김

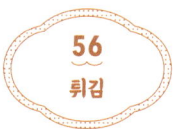

반숙 달걀튀김

바삭하게 튀긴 달걀 속에서 걸쭉한 노른자가 흘러나와 절묘한 식감을 자랑하는 반숙 달걀튀김이에요. 달걀을 삶는 시간을 정확히 지키는 것이 맛의 포인트랍니다. 튀김가루를 묻히기 전에 달걀의 물기를 완전히 제거하세요.

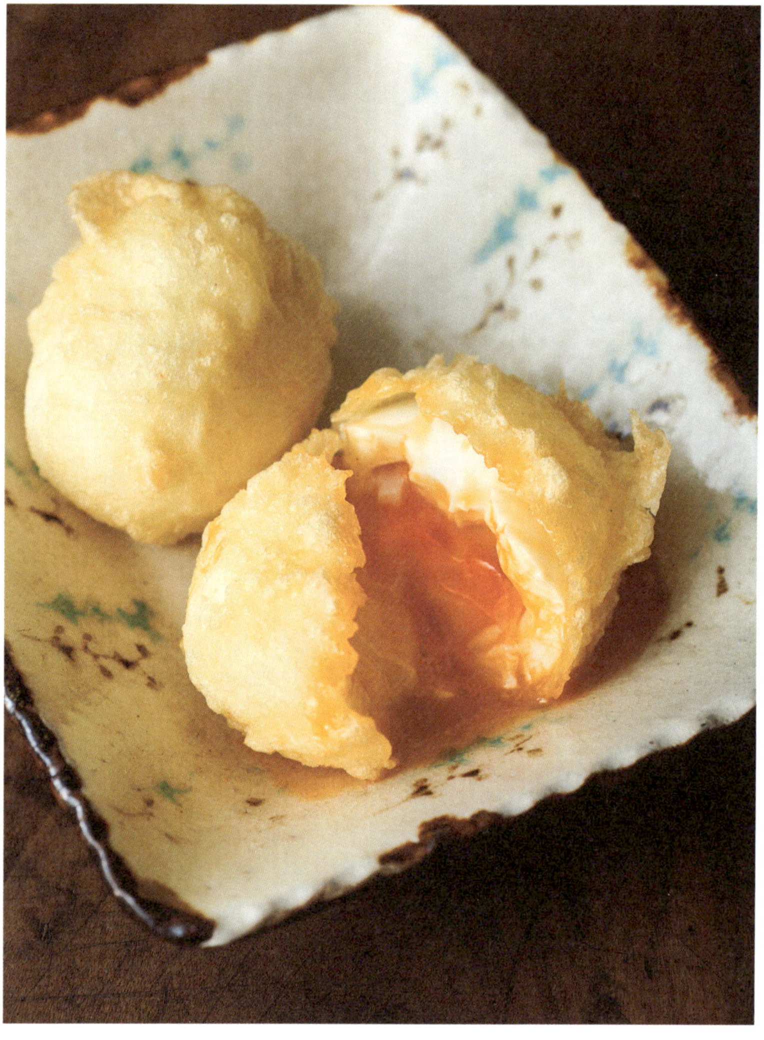

재료 (2인분)

달걀 2개
튀김가루 50g
물 80㎖
튀김기름 적당량

만드는 법

1 달걀은 끓는 물에 6분간 삶는다. 곧바로 찬물에 담그고 한 김 식으면 껍데기를 벗긴다.

2 ①의 물기를 완전히 닦아내고 튀김가루 1큰술(분량 외)을 얇게 묻힌다. 다른 볼에 튀김가루와 물을 넣어 섞고 달걀에 고루 묻힌다.

3 팬에 튀김기름을 170℃로 달구고 ②를 넣어서 튀긴다.

57 밥

풍성하게 즐기는 새로운 스타일의 덮밥
닭 달걀튀김 덮밥

재료 (1인분)

밥 적당량
가시와텐 1조각
반숙 달걀튀김 1개
맛간장(또는 쯔유) 1큰술
미림 1½큰술

만드는 법

1 그릇에 밥을 적당량 담고 가시와텐, 반숙 달걀튀김을 올린다.
    tip. 가시와텐 만드는 법 p.127, 반숙 달걀튀김 만드는 법 p.131

2 내열 용기에 맛간장, 미림을 넣고 전자레인지로 40~50초간 가열해 ①에 끼얹는다.

후룩후룩 먹을 수 있는
채소 가키아게 오차즈케

재료 (1인분)

밥 적당량
채소 가키아게 1조각
고추냉이 약간

‖ **장국**
시로다시(또는 쯔유) 2큰술
물 3/4컵
미림 1/2큰술
간장 약간

만드는 법

1 그릇에 밥을 적당량 담고 채소 가키아게를 올린다.
   tip. 채소 가키아게 만드는 법 p.129
2 장국 재료를 섞어서 데운 뒤 ①에 붓고 고추냉이를 곁들인다.

59
밥

가키아게 하나로 근사한 한 그릇
채소 가키아게 덮밥

재료 (1인분)

밥 적당량
채소 가키아게 1조각
맛간장(또는 쯔유) 1큰술
미림 1½큰술

만드는 법

1 그릇에 밥을 적당량 담고 채소 가키아게를 올린다.
   tip. 채소 가키아게 만드는 법 p.129

2 내열 용기에 맛간장, 미림을 넣고 전자레인지로 40~50초간 가열해 ①에 붓는다.

튀김 부스러기의 감칠맛이 장국에 녹아든다
파 튀김 부스러기 오차즈케

재료 (1인분)

밥 적당량
튀김 부스러기 3큰술
송송 썬 실파 2큰술

∥ **장국**
시로다시(또는 쯔유) 2큰술
물 3/4컵
미림 1/2큰술
간장 약간

만드는 법

1 그릇에 밥을 적당량 담고 튀김 부스러기, 송송 썬 실파를 올린다.
2 장국 재료를 섞어서 데운 뒤 ①에 붓는다.

다진 고기와 달걀의 감칠맛을
끝까지 즐긴다!
맛있게 매운
달걀 비빔밥

만드는 법

맛있게 매운 비빔 우동(p.32)의 면을 먹고 남은 건더기와 장국에 흰밥을 넣어 비비면 대만 포장마차 스타일의 비빔밥이 된다. 잘게 썬 김을 올려서 먹으면 더욱 맛있다.

중독성 있는 중화풍 국밥으로 마무리!
맛있게 매운
탄탄 국밥

만드는 법

맛있게 매운 탄탄 우동(p.102)의 면을 먹고 남은 국물에 흰밥을 넣으면 맛있게 매운 탄탄 국밥으로 대변신한다.

장인의 비법 대공개!
우동과 맛국물 만들기

점포에서 직접 면을 만들고 2~3시간마다 맛국물을 우려내는 것이 마루가메 제면의 신조입니다. 집에서도 쉽게 만들 수 있도록 우동 장인의 우동 면과 맛국물의 비법 레시피를 알려드립니다. 시판 냉동 우동 면을 사용해도 충분히 맛있지만, 장인의 우동으로 특별한 맛에 도전해보세요!

우동 반죽하기

우동의 쫄깃하고 탄력 있는 식감의 비결은 시간을 들여 손으로 정성껏 만드는 조리법에 있습니다. 우동의 원료는 밀가루, 소금, 물 3가지뿐입니다. 재료는 단순하지만 만드는 사람에 따라 다른 맛과 질감이 느껴진다는 점이 흥미롭습니다. 물론 정성껏 작업할수록 맛있어지는 것은 진리입니다. 방금 만든 신선한 우동은 밀가루의 좋은 향이 살아있어 바로 삶아 먹으면 감동적인 맛이 난답니다.

반죽 만들기

재료 (2인분)

중력분 200g
소금(해수염) 10g
물 88㎖

가루 뭉치기

1 물에 소금을 넣고 잘 녹인다.

2 밀가루는 체에 치고 덩어리는 손끝으로 으깨 큰 볼에 넣는다.

소금물은 3번에 나누어 넣는다

3 밀가루에 ①의 소금물을 3번에 나누어 넣는다. 가루 입자에 수분이 균등하게 퍼지도록 천천히 섞는다.

4 볼 가운데에서 반죽을 가볍게 뭉친다.

휴지하기 1시간 정도   치대기   휴지하기

 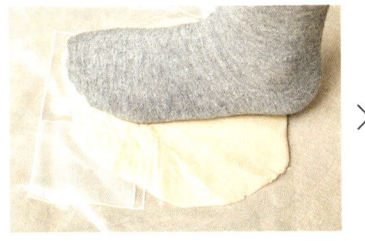 
지퍼백 속에서!

5 큼직한 지퍼백에 넣고 공기를 빼서 실온에 1시간 정도 둔다. 시간 여유가 없다면 전자레인지에 500W로 10초간 가열한다.

6 지퍼백 위에서 발로 반죽을 밟는다. 전체에 힘을 균등하게 실어 반죽을 둥글게 펴면서 치댄다.

7 반죽이 조금 촉촉해지면 접는다.

다시 치대기   둥글게 뭉치기

 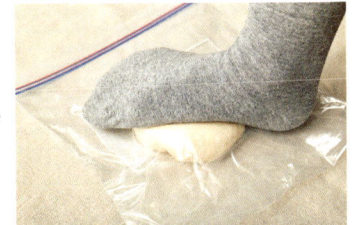 

8 뒤집어서 둥글게 뭉치고 15분 정도 둔다.

9 ⑥~⑦의 작업을 한 번 더 반복한다.

10 ⑧의 작업을 한 번 더 반복한다.

11 지퍼백에서 꺼내 손바닥 전체로 반죽을 가운데로 모아서 뒤집는다.

12 손바닥으로 눌러서 평평하게 정돈한다. 랩을 씌워서 지퍼백에 넣고 5~10분간 둔다. 나중에 먹을 반죽은 이 상태로 랩으로 감싸서 냉동 보관한다.

성형하기

반죽 밀기

누르서 민다

1 반죽에 전분을 적당량 뿌리고 가운데, 위, 아래 순으로 밀대로 누른다.

방향을 바꾼다

2 90도로 돌려서 올록볼록한 부분을 평평하게 만들며 밀대로 가볍게 누른다.

3 서서히 힘을 넣으며 균등한 두께로 민다.

4 위아래로 방향을 바꿔서 ③의 작업을 반복하고 90도로 돌린다.

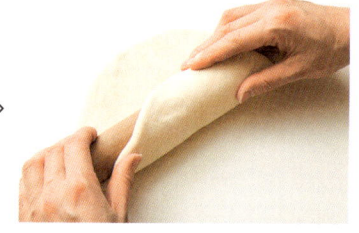

5 반죽을 밀대에 감아서 몸쪽으로 한 번 당긴다.

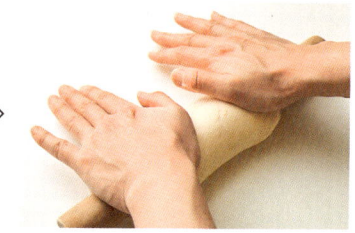

6 그대로 위로 굴린다.

7 위아래로 방향을 바꿔가며 얇게 민다.

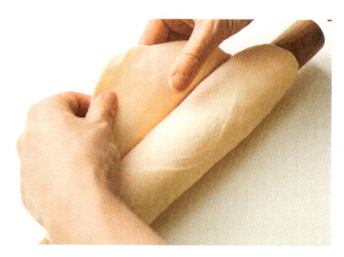

8 ⑤~⑥의 작업을 반복한다.

9 사방 약 20cm의 직사각형이 될 때까지 모양을 잡으며 민다. 가운데가 두꺼워지기 쉬우므로 균등한 두께가 되도록 유의한다.

썰기

1 윗면에 전분을 적당량 뿌린다.

2 아래가 넓게 3절로 접고, 반죽이 겹쳐지는 안쪽에도 전분을 적당량 뿌린다.

3 전분을 약간 뿌린 도마에 올리고 나무젓가락 1개만큼, 약 5㎜ 폭을 가늠한다.

4 칼로 가장자리부터 썬다. 위에서 누르면 잘 썰린다.

5 반 정도 썰면 반죽을 들어서 면을 풀어주고 덜 썰린 부분이 없는지 확인한다.

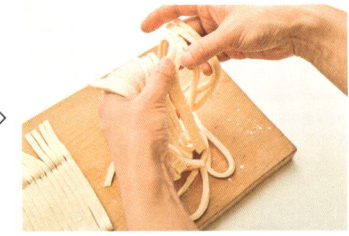

6 1인분이 완성되면 서로 들러붙지 않도록 전분을 넉넉히 뿌리고, 여분의 가루를 털어낸다.

완성!

우동 삶기

큰 냄비에 약 2ℓ의 물을 끓여 1인분의 면을 삶으면 면에서 염분이 빠져나와 맛있어져요. 끓는 물에 면을 넣고 붙지 않게 가끔 살살 저어가며 삶아요. 물이 미지근하면 맛이 없으니 온도가 너무 떨어지지 않게 주의하세요.

> 면은 1인분씩 삶기

1 여분의 가루를 털어내고 면을 풀어준다.

2 큰 냄비에 강불로 물을 가득 끓이고 끓어오르면 면을 넣는다.

> 물의 양은 면의 10배 정도가 적당!

3 면을 저으면서 끓어 넘칠 듯하면 불을 줄여가며 3분간 삶는다.

4 면이 단단해지면 중강불로 낮추고 가끔 살살 풀면서 12~15분간 삶는다. 면이 투명해지면 불을 끈다.

5 큰 볼에 물을 가득 담고 삶은 면을 넣어 표면에 있는 여분의 끈적한 전분을 씻어낸다.

6 한 김 식으면 채반에 건졌다가 한 번 더 물에 담가서 수축시킨다. 물기를 완전히 뺀다.

맛국물 내기

점포에서는 가다랑어포 외에 고등어, 눈퉁멸, 날치 등 다양한 생선의 혼합포와 다시마를 사용하는데, 집에서는 가다랑어포, 다시마와 같은 기본 재료로 만들어도 됩니다. 시간이 지나면 풍미가 날아가므로 면을 삶을 때 함께 만드는 것이 좋습니다.

재 료

다시마(사방 10㎝) 1장
가다랑어포 20g
물 4컵

1 냄비에 다시마, 물을 넣고 중약불에 올린다. 끓어오르기 직전에 다시마를 건져낸다.

2 끓어오르면 가다랑어포를 넣고, 젓가락으로 가볍게 눌러서 가라앉힌다.

> 냉장 보관은 3일, 냉동 보관은 2주일까지 가능

3 거품이 떠오르면 걷어내고, 냄비 가장자리가 보글보글 끓어오르면 불을 끈다.

4 2~3분간 두어서 가다랑어포가 가라앉을 때까지 기다린다.

5 채반에 조심히 부어서 거른다.

| 뒷이야기 1 | 우동에 인생을 걸었습니다! 마루가메 제면 스토리 |

지식 01 — 1호점의 위치는 가가와현 마루가메시가 아닌 효고현 가코가와시

창업자 아와타 다카야 사장이 고향인 가가와현에서 90년대의 사누키 우동 붐을 목격하고 마루가메 제면의 아이디어를 발전시켰다. 2000년, 본사가 위치한 효고현에 1호점이 탄생한 것을 시작으로 전 세계에 계속해서 점포를 늘리고 있다.

사누키 마루가메 제면. 1호점에는 가마아게 우동 전문점이라는 간판을 내걸었다.

지식 02 — 일본 유일의 '면의 장인'이 있다

'면의 장인'이란 전국의 점포를 돌며 우동 조리법부터 손님맞이, 메뉴 지도까지 관여하는 장인을 말한다. 이런 명칭이 붙은 사람은 마루가메 제면에서 후지모토 씨가 유일하다. 언뜻 강인해 보이지만, 알고 나면 친절하고 온화한 마스터이다. 현재는 '면 기능인' 육성에 매진하고 있다.

면의 장인 후지모토 사토미 씨

마루가메 제면의 발자취
세계로 뻗어가는 '우동' 문화

- **2000년 11월** 마루가메 제면 가코가와점 개점
- **2011년 4월** 미국 하와이에 해외 1호점 출점
- **2011년 5월** 전국 도도부현 출점 달성
- **2011년 8월** 일본 내 500호점 달성
- **2012년 1월** 방콕에 태국 1호점 출점
- **2012년 3월** 상하이에 중국 1호점 출점
- **2012년 12월** 서울에 한국 1호점 출점
- **2013년 1월** 홍콩 1호점 출점
- **2013년 2월** 모스크바에 러시아 1호점 출점
- **2013년 3월** 자카르타에 인도네시아 1호점 출점
- **2014년 1월** 호찌민에 베트남 1호점 출점
- **2015년 11월** 프놈펜에 캄보디아 1호점 출점
- **2017년 8월** 마닐라에 필리핀 1호점 출점
- **2017년 9월** 로스앤젤레스에 미국 본토 1호점 출점
- **2019년 3월** 현재 일본 국내 817개, 해외 13개국에 210개의 점포 영업 중

| 지식 03 | **매일 점포에서 갓 만든 면을 제공** |

제면은 기계로 하지만, 밀가루의 배합은 점포의 제면 담당자의 일이다. 밀가루, 소금, 물의 분량을 매일 그날 기온에 맞게 조금씩 조절해 최상의 상태를 유지한다. 언제 먹어도 맛있는 우동의 비밀이 여기에 있다!

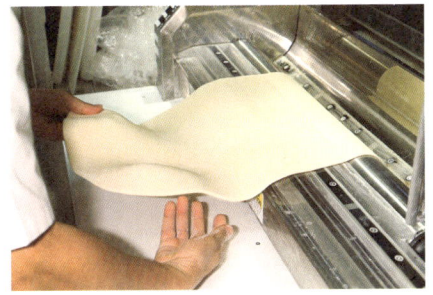

점포마다 만드는 사람이 다르므로 더욱 일정한 맛을 제공하기 위해 2017년부터 면 기능인 제도를 시작했다. 맛있는 면을 만드는 기술이 뛰어난 사람은 '면 기능인'이라는 호칭을 얻고 다른 유니폼을 입게 된다. 현재는 일본 전국에서 190명이 활약 중이다 (2019년 4월 현재).

| 지식 04 | **맛국물은 점포에서 2~3시간마다 우린다** |

기본은 하루에 6번. 풍미와 향을 유지하기 위해서 우리는 양을 줄이고 횟수를 늘렸다. 대량으로 만들지 않기에 언제나 신선하고 맛있는 장국을 맛볼 수 있다.

| 지식 05 | **기간 한정으로 선보이는 메뉴는 언제나 화제 만발** |

1년에 8번 정도 등장하는 기간 한정 메뉴는 언제나 팬들의 기대를 한몸에 받는다. 천 개가 넘는 기획에서 엄선된 메뉴 중에는 한 점포에만 나오는 한정 메뉴나 협업 기획처럼 독특한 것도 있다.

| 지식 06 | **사장도 직원도 '맛의 변화'를 즐긴다** |

사장을 비롯한 직원 모두가 본인만의 스타일로 먹는 법을 즐긴다. 아와타 다카야 사장은 가마타마 우동을 주문해 반 정도 먹다가 장국을 넣어 달걀국처럼 먹는 것을 좋아한다.

뒷이야기 2
마루가메 제면 공식 계정 도전 레시피

마루가메제면 [공식] · 2019/02/20

오늘은 #오리대파우동에 날달걀을 넣어 #오리대파달걀우동으로 먹어봤어요! 꼭 드셔보세요! #새로운발견 #나도해봤어 #마루가메제면

💬 5　🔁 114　♡ 708

마루가메제면 [공식] · 2019/02/23

오늘은 덮밥용 밥에 마즙과 온천 달걀을 토핑해서 #마즙달걀덮밥으로 먹어봤어요! 베스트 인기 메뉴인 #마즙달걀우동에 뒤지지 않는 맛이었어요! #새로운발견 #나도해봤어 #마루가메제면

💬 7　🔁 162　♡ 864

마루가메제면 [공식] · 2019/02/15

오늘은 연어 주먹밥과 토핑용 명란을 주문해 무료 장국을 끼얹은 #연어명란오차즈케를 먹었어요. 단순하지만 진짜 맛있어요. #새로운발견 #나도해봤어 #마루가메제면

💬 13　🔁 501　♡ 1818

마루가메제면 [공식] · 2019/02/08

이번에는 #가마타마우동의 달걀을 3배로 늘려서 #달걀폭탄가마타마우동으로 먹어봤어요! 우동을 다 먹고 남은 달걀을 덮밥용 밥에 올려서 먹었어요! 꼭 드셔보세요. #늘려봤어 #마루가메제면

💬 18　🔁 239　♡ 1082

마루가메제면 [공식] · 2019/01/20

오늘은 #명란가마타마우동에 날달걀과 명란을 하나씩 토핑해서 #명란명란달걀달걀가마타마우동으로 먹어봤어요! 진한 맛을 좋아하는 분에게 추천해요! #늘려봤어 #마루가메제면

💬 7　🔁 208　♡ 1020

마루가메제면 [공식] · 2019/02/09

이번에는 덮밥용 밥에 날달걀을 풀어서 넣고, 그 위에 온천 달걀과 명란을 올린 #알몽땅밥을 만들어봤어요! #새로운발견 #나도해봤어 #마루가메제면

💬 12　🔁 183　♡ 1014

마루가메제면 [공식] · 2019/02/13

오늘은 가마타마 우동에 간 무를 토핑해서 #간무가마타마우동으로 먹어봤어요. 이거 꽤 맛있어요. #새로운발견 #나도해봤어 #마루가메제면

💬 3　🔁 176　♡ 1052

마루가메제면 [공식] · 2019/01/26

마즙 달걀 우동에 고추냉이를 넣어서 드시는 분이 있어서 저도 해 봤어요! 따뜻한 우동에 고추냉이가 의외로 잘 어울리는데, 마즙 달걀과 매콤한 고추냉이는 최고의 궁합이에요! #새로운발견 #나도해봤어 #마루가메제면

💬 15　🔁 129　♡ 774

마루가메제면 [공식] · 2019/02/06

오늘은 명란 가마타마 우동에 반숙 달걀 튀김을 토핑해서 #알몽땅우동으로 먹어봤어요. 반숙 달걀튀김 속에 숨겨진 걸쭉한 노른자와 명란이 정말 잘 어울려요! #새로운발견 #나도해봤어 #마루가메제면

💬 20　🔁 260　♡ 1379

마루가메제면 [공식] · 2018/12/14
#달걀국우동을 만들어봤어요! 가마타마 우동을 주문해서 처음에는 맛간장을 섞어서 반쯤 먹다가 나머지 반에 셀프로 떠먹을 수 있는 장국을 부으면 달걀 우동이 돼요! 한 그릇으로 2번 맛있게 먹는 방법이라 추천합니다! #새로운발견 #나도해봤어 #마루가메제면

💬 9　↻ 193　♡ 840

마루가메제면 [공식] · 2018/12/09
가마에게 우동과 함께 마즙을 토핑으로 주문해 장국에 마즙을 넣어 드시는 분이 있어서 저도 해 봤어요! 이걸 왜 이제야 먹었지 싶을 정도로 맛있었어요. #새로운발견 #나도해봤어 #마루가메제면

💬 9　↻ 320　♡ 1296

마루가메제면 [공식] · 2019/01/15
#마즙간장우동의 마즙을 3배로 늘려서 #마즙듬뿍우동으로 먹어봤어요! 남은 마즙은 덮밥용 밥에 얹어서 마즙 덮밥으로 먹었답니다. 마즙을 좋아하는 분에게 추천해요! #늘려봤어 #나도해봤어 #마루가메제면

💬 9　↻ 236　♡ 1259

 마루가메제면 [공식] · 2019/01/12
이번에는 메뉴에 없을 것 같은 #명란가마타마마즙우동을 만들어봤어요! 명란 가마타마 우동을 주문해서 마즙을 토핑으로 올리기만 하면 되는데, 중독성 있는 맛이에요. 여러분도 꼭 드셔보세요! #새로운발견 #나도해봤어 #마루가메제면

💬 10　↻ 222　♡ 1048

 마루가메제면 [공식] · 2018/11/02
마루가메 제면 점포에 배포하는 홍보지에 소개된 메뉴에 도전! 카레 우동에 단호박 튀김과 온천 달걀을 토핑해봤어요! #새로운발견 #나도해봤어 #마루가메제면

💬 4　↻ 84　♡ 398

마루가메제면 [공식] · 2018/11/30
이렇게 먹는 법 아세요? 우동과 함께 덮밥용 밥을 주문해서 토핑인 명란과 날달걀 그리고 취향에 따라 튀김 부스러기, 대파를 올리면 '날달걀 덮밥' 완성! #이거꽤맛있어요 #새로운발견 #나도해봤어 #마루가메제면

💬 14　↻ 455　♡ 1499

 마루가메제면 [공식] · @Udo... · 5일
오늘은 채소 가키아게를 장국에 담고, 날달걀을 올려서 #부들폭신채소가키아게로 먹었어요! 채소 가키아게가 부들부들해서 날달걀의 걸쭉함과 절묘하게 어우러져요. #새로운발견 #나도해봤어 #마루가메제면

💬　↻ 90　♡ 569

 마루가메제면 [공식] · @Udo... · 1일
오늘은 #마즙간장우동에 명란을 토핑해서 #명란마즙우동으로 먹어봤어요. 이 조합, 안 드셔본 분 의외로 많지 않나요? #새로운발견 #나도해봤어 #마루가메제면

💬 6　↻ 95　♡ 774

 마루가메제면 [공식] · 2018/08/17
#산더미소고기우동과 #튀김덮밥용밥을 주문해서 고기의 반은 우동에, 나머지는 밥에 올려서 소고기덮밥으로도 즐기는 분을 발견했어요! 여러분도 다양한 방법으로 드셔보세요! #소고기덮밥 #새로운발견 #나도해봤어 #마루가메제면

💬 5　↻ 222　♡ 774

#새로운발견 #나도해봤어 #이거꽤맛있어요

맛있는 우동 한 그릇

초판 1쇄 발행 2021년 1월 15일
초판 3쇄 발행 2025년 7월 1일

지은이 마루가메 제면 면의 장인
옮긴이 조수연
펴낸이 김영조
편집 김시연, 진나경 | **디자인** 정지연 | **마케팅** 김민수, 강지현 | **제작** 김경묵 | **경영지원** 정은진
펴낸곳 싸이프레스 | **주소** 서울시 마포구 양화로7길 44, 3층
전화 (02)335-0385 | **팩스** (02)335-0397
이메일 cypressbook1@naver.com | **홈페이지** www.cypressbook.co.kr
블로그 blog.naver.com/cypressbook1 | **포스트** post.naver.com/cypressbook1
인스타그램 싸이프레스 @cypress_book | 싸이클 @cycle_book
출판등록 2009년 11월 3일 제2010-000105호

ISBN 979-11-6032-114-2 13590

- 이 책은 저작권법에 따라 보호를 받는 저작물이므로 무단 전재 및 무단 복제를 금합니다.
- 책값은 뒤표지에 있습니다.
- 파본은 구입하신 곳에서 교환해 드립니다.
- 싸이프레스는 여러분의 소중한 원고를 기다립니다.